25 ANOS
autêntica

Eugênio Bucci

INCERTEZA, UM ENSAIO

Como pensamos a ideia que nos desorienta (e orienta o mundo digital)

Ilustrações: Eugênio Bucci

COLEÇÃO ENSAIOS

autêntica

Copyright © 2023 Eugênio Bucci
Copyright desta edição © 2023 Autêntica Editora

Todos os direitos reservados pela Autêntica Editora Ltda. Nenhuma parte desta publicação poderá ser reproduzida, seja por meios mecânicos, eletrônicos, seja via cópia xerográfica, sem a autorização prévia da Editora.

COORDENADOR DA
COLEÇÃO ENSAIOS
Ricardo Musse

EDITORAS RESPONSÁVEIS
Rejane Dias
Cecília Martins

REVISÃO
Bruni Emanuele Fernandes

CAPA
Alberto Bittencourt

DIAGRAMAÇÃO
Guilherme Fagundes

**Dados Internacionais de Catalogação na Publicação (CIP)
Câmara Brasileira do Livro, SP, Brasil**

Bucci, Eugênio
  Incerteza, um ensaio : como pensamos a ideia que nos desorienta (e orienta o mundo digital) / Eugênio Bucci [texto e ilustrações]. -- 1. ed. -- Belo Horizonte : Autêntica, 2023. -- (Ensaios / coordenação Ricardo Musse).

  ISBN 978-65-5928-268-5

  1. Ciências sociais 2. Comunicação 3. Ensaios 4. Inovação tecnológica 5. Sociedade 6. Tecnologia - Aspectos sociais I. Título. II. Série.

23-149805   CDD-302.2

Índice para catálogo sistemático:
1. Ensaios : Comunicação : Sociologia   302.2

Aline Graziele Benitez - Bibliotecária - CRB-1/312

Belo Horizonte
Rua Carlos Turner, 420
Silveira . 31140-520
Belo Horizonte . MG
Tel.: (55 31) 3465 4500

São Paulo
Av. Paulista, 2.073, Conjunto Nacional
Horsa I . Sala 309 . Bela Vista
01311-940 . São Paulo . SP
Tel.: (55 11) 3034 4468

www.grupoautentica.com.br
SAC: atendimentoleitor@grupoautentica.com.br

Metáforas científicas 9

Incerteza = informação 13

A entropia entra em cena 19

Ninguém sabe o que é 27

Desorganização interessante 33

Gato não late 39

Entre zeros e uns, o gato é você 45

O incerto alguém e o dono da máquina ... 53

Uma religião digital 61

Indesejável e desejável 67

Da guerra à paz 75

Mulheres 81

A ciência, a imprensa e a política 89

Ou espírito, ou animal, ou ambos 97

O dinheiro 105

Mais assimetrias 113

Que humano? 119

A virtude de aumentar a incerteza 125

A boa radicalização 131

Agradecimentos 135

Notas 139

Para Sônia e Tércio,
em ataraxia na Feiticeira.

Metáforas científicas

Começo por uma desconfiança: as descobertas da ciência servem principalmente para gerar metáforas. Temos o costume de celebrar os cientistas porque eles encontram terapias para doenças terríveis, explicam o comportamento errático de partículas subatômicas e elucidam as leis que regem o envelhecimento das galáxias, mas desconfio que essas sejam apenas vitórias secundárias, como um efeito colateral benigno. Para mim, a contribuição mais profícua da ciência não são as curas que parecem mágicas, os teoremas perfeitos ou os vislumbres estonteantes de objetos que desconhecíamos até a véspera – sua maior contribuição vem nas metáforas que ampliam a nossa imaginação contemplativa. Graças a elas, traduzimos sensações e pensamentos que antes eram indizíveis, o que expande a vida na exata medida em que dá horizontes mais largos para o que somos capazes de falar, de representar e de ver.

A alavanca de Arquimedes, por exemplo. Que imagem poderosa. Foi como figura de linguagem, e não como ferramenta, que ela moveu o mundo

– e ainda move. Até hoje. Os endinheirados adoram falar em "alavancagem" de empresas. Admito que poderiam variar um pouco: poderiam recorrer ao Pêndulo de Foucault, aos anéis de Saturno, aos campos de força – que inspiraram, entre outros, o filósofo e sociólogo francês Pierre Bourdieu (1930-2002) –, mas preferem permanecer fiéis à mecânica da Grécia Antiga. Os financistas, novidadeiros e milionários em seus cifrões, têm sido antiquados e pobres no discurso. Fizeram da ideia genial de Arquimedes um chavão depreciado.

No mais, não foi para mapear o Universo que a Astronomia e a Física deram de fazer contas, deduzir fórmulas e escrutinar a vastidão do espaço sideral, mas apenas para nos ofertar comparações de uso corrente. Gênios identificaram os buracos negros não para explicar a curvatura da luz e das camadas sobrepostas de espaço-tempo, mas para nos ajudar a expressar o desconsolo de saber que neste mundo há corpos, sobretudo humanos, que devoram a luz dos nossos olhos, tragam o nosso desejo e nada devolvem em troca.

Não foi para debelar enfermidades fatais que se sintetizaram imunizantes em laboratório, mas simplesmente para universalizar a palavra "vacina" e, com ela, permitir aos comuns do povo afirmar que estão "vacinados" contra a inveja. A vacina é metáfora, como a doença sempre foi. Isaac Newton proclamou a Lei da Gravidade, no século XVII, para que hoje possamos falar distraidamente de seres que gravitam outros. Ou para habilitar a frase "eu sinto atração por você", embora esse tipo de ação declaratória nem sempre desencadeie uma reação física da mesma natureza no sentido que nos alegra.

A todo momento, vemos flagrantes da transformação de achados científicos em recursos do linguajar cotidiano. O sistema solar – cito ao acaso – saiu do céu para entrar na linguagem. Nós nos valemos dele quando dizemos que certas ideias têm "centralidade", ou quando comentamos que Fulano está na órbita do Beltrano. O docente vai à reunião de departamento e se põe a detalhar os vínculos viscosos entre a missão da universidade, no centro, e as disciplinas que giram em volta. A palavra "interdisciplinar" logo vem à baila, como parte do *script*. O orador gesticula contidamente, acariciando uma forma invisível, mais ou menos oval, que flutuaria no ar à altura de seu plexo – a propósito – solar. Ninguém vê o objeto, é claro, mas suas mãos se movem em torno do ente, dentro do qual – seus dedos agora apontam – voariam circularmente os programas acadêmicos ordenados por leis gravitacionais.

Há também o poeta que chama de "Galáxias" os versos que agrupou. Cantores mencionam quasares. Nebulosas e fótons pipocam em crônicas ou contos que não têm parte com circunvoluções celestes, mas com lascívia, ciúme e, às vezes, assassinatos. A ciência nos dá de presente a imaginação expandida – eis a sua razão de existir.

Incerteza = informação

Movido por minha desconfiança, comecei a cismar sozinho à noite sobre o tema da "incerteza". Não bem sozinho. Comecei a pensar nisso depois que o professor Tércio Sampaio Ferraz Jr. me convidou para participar do Seminário da Feiticeira de 2022, cujo tema seria exatamente este: incerteza. A pauta que ele definiu para a minha fala foi "O incerto mundo digital", ao que se seguia um complemento: "algo que escapa ao nosso domínio, como algoritmos manipulados por uma mente perversa que ninguém sabe de onde vem".*

Matutei, matutei, e não parei mais de matutar. O entendimento que hoje temos da palavra — que nos chegou no empuxo da era digital, marcada pela matemática, pela Cibernética, pelo silício, pelo *software* e pelo capitalismo — decorre, antes de tudo, de uma senhora metáfora. Uma área da ciência gera

---

* O Seminário da Feiticeira, como já é tradicional, teve sede em Ilhabela, no primeiro final de semana de dezembro de 2022.

metáforas para outras áreas, próximas ou distantes. Foi esse o caso.

Para provar o que acabo de afirmar, tenho que recuperar um ou dois capítulos da eletrizante história da invenção dos computadores. Recuemos à década de 1940. Foi ali que se abriram os caminhos do tão falado "mundo digital". Matemáticos e engenheiros desbravadores, envolvidos em projetos de criar engenhocas que fizessem contas com mais destreza e velocidade que os seres humanos, falavam obsessivamente de "informação". Eles sabiam que suas máquinas, para dar conta de tão ambiciosa tarefa, teriam de processar as tais informações – milhares, milhões, bilhões, trilhões elevados a quatrilhões delas.

Pois o que era, para eles, a informação? Como compreendê-la? Como defini-la, mas defini-la sem retórica, e sim com precisão absoluta? Como circunscrevê-la num conceito matemático?

Logo nas primeiras tentativas, os pesquisadores viram que a noção que esboçavam da palavra tinha relações estreitas com a incerteza. O que poderia ser a informação, se não uma resposta satisfatória a uma pergunta? E o que poderia ser uma pergunta, se não a expressão da dúvida que brota de uma incerteza? Com essa hipótese na cabeça, levaram a incerteza que residia nas páginas da Filosofia para os laboratórios habitados por transistores, voltímetros e circuitos integrados.

Mas não estava aí, ainda, na transição da metafísica para os terminais elétricos, a metáfora que eu enxergo nessa passagem. A história é ainda mais interessante, e a metáfora só viria depois.

Olhando a cena em retrospectiva, posso arriscar que um raciocínio básico unificava os jovens matemáticos na busca de um conceito de informação. Eles não me contaram nada disso. Eu não os conheci. Apenas desconfio – de novo – que foi assim. Minha suposição é que eles raciocinavam mais ou menos nos seguintes moldes: se eu tenho uma incerteza, preciso extrair dela uma pergunta substantiva; se tenho uma boa pergunta, saio à procura de uma resposta eficiente; por fim, se encontro uma resposta satisfatória, tenho uma informação que resolve a minha incerteza original. Por aí, era possível chamar de informação, ao menos preliminarmente, aquele conjunto de dados que, dotado de sentido, sendo decifrável, esclarecia a minha incerteza.

Era um pontapé inicial. Acontece que, mais do que definir, eles precisavam *calcular* a informação e atribuir a ela valores numéricos exatos, por meio dos quais pudessem dimensionar a capacidade de processamento de dados dos computadores que ainda iriam ser projetados e construídos. Para que esses computadores funcionassem adequadamente, não havia outro caminho que não fosse o cálculo da informação e do processamento.

Nesse percurso, foi se desenhando a premissa de que as duas grandezas – a da informação e a da incerteza – deveriam ser proporcionais entre si, pois o tamanho da informação teria de ser equivalente ao tamanho da incerteza que ela resolveria. Àquela altura, não seria descabido considerar que, se soubessem calcular a incerteza inicial, poderiam usar os mesmos padrões para calcular a informação. Conclusão: quem quisesse estimar o volume da informação teria que mensurar, antes, o volume da incerteza. Para as duas, a conta seria uma só.

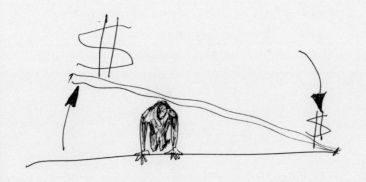

Alavankagem Metafórica

A entropia entra em cena

É bom não esquecer que a palavra "incerteza" não era uma completa estranha para o pessoal das exatas. Quem se dedicava a ela era o físico teórico alemão Werner Heisenberg (1901-1976), que ganhou o Nobel de Física de 1932 pela invenção da Mecânica Quântica. Cinco anos antes, em 1927, quando ensinava Física na Universidade de Leipzig, Heisenberg enunciou o seu célebre Princípio da Incerteza, uma das joias do pensamento do século XX. Segundo esse princípio, seria impossível medir a velocidade e a posição de uma partícula ao mesmo tempo.

Mas aqui precisamos ir com calma. Quando escrevo aqui "ao mesmo tempo", isso não reflete bem o modo como pensa o pessoal da Física Quântica. "As relações de incerteza da Mecânica Quântica não envolvem, necessariamente, uma variável temporal", diz Paulo Nussenzveig, professor do Instituto de Física e pró-reitor de Pesquisa e Inovação da Universidade de São Paulo (USP). Um dos melhores "explicadores" da ciência com quem já conversei, ele prossegue: "Os observáveis 'posição' e 'momento linear', proporcional à velocidade, são incompatíveis, o que significa que não podemos fazer uma medida conjunta de ambos, com precisão absoluta". Em resumo, ou você afere a velocidade, ou vai atrás de descobrir a posição. As duas de uma vez, nem pensar. Ou você procura o lugar estimado da partícula e deixa para lá a velocidade, ou você mede a velocidade, desistindo de encontrar a posição. Das duas, uma só.

"Essa incerteza intrínseca na medição de variáveis incompatíveis não está presente na Física Clássica", adverte Nussenzveig. Entendamos bem ou não, o que importa é que Heisenberg demonstrou que, na dimensão quântica, uma parte dos fenômenos está obrigatoriamente imersa na incerteza. Ou você aceita conviver com ela, ou ela paralisa você.

Os primeiros matemáticos da computação não desgostavam da ideia de Heisenberg, de modo algum, mas viram que ela não bastava. As equações da Mecânica Quântica não se prestavam ao cálculo exato da informação. Foi aí que, olhando para outros campos da ciência, os pioneiros da Cibernética identificaram uma possibilidade: havia uma fórmula na Termodinâmica – e não na Mecânica Quântica – que, se bem adaptada, resolveria o desafio. Era a Fórmula da Entropia.

Agora, sim, estamos chegando à metáfora que mudou o mundo. Na Termodinâmica, o termo "entropia" não tem nada a ver com máquinas de calcular. A palavra, que tem origem grega, faz referência a algo vago: um conteúdo em transformação, ou com potência para transformar. Em 1850, o físico e matemático alemão Rudolf Clausius (1822-1888) a empregou para definir algo de estranho que observava no desempenho de motores movidos a calor. O que intrigava Clausius era a perda de calor, o desperdício de energia que prejudicava a realização do trabalho útil para o qual o motor tinha sido projetado. Pare ele, esquentar mais do que "trabalhar" era sinônimo de alta entropia. Foi a primeira definição.

Depois disso, a palavra foi se mostrando muito mais valiosa do que os motores de Clausius. Ainda dentro dos domínios da Termodinâmica, o conceito evoluiu e ganhou contornos mais rebuscados. Em lugar de pistões e cilindros, os cientistas passaram a pensar em sistemas inteiros, compostos de matéria e energia. Eles entenderam que qualquer sistema, desde que mais ou menos isolado ou separado do mundo exterior, tinha o seu próprio grau de entropia. O significado do velho termo grego deixou de se referir apenas a problemas de calor, desperdiçado ou não.

Os sistemas poderiam ser em princípio qualquer coisa: um planeta, um cubo de gelo no refrigerador, um pedaço de carvão em brasa ou mesmo o universo inteiro. Neles, o que mais definia o aumento de entropia não era exatamente a elevação da temperatura, mas o aumento de mobilidade das partículas, que se moveriam de um modo mais aleatório e, portanto, menos previsível. Em síntese, a entropia crescente se relacionava à incerteza crescente.

Exemplifico. A limonada refrescante dentro do copo tem mais entropia do que um cubo de gelo no freezer. Isso porque, no estado líquido, as moléculas vão para lá e para cá de um modo mais, digamos, caótico. A desordem cresce. Quanto maior a entropia, mais difícil prever a direção em que cada molécula vai se deslocar dentro do sistema. Tudo fica mais incerto, não dá para saber com antecedência o que vai acontecer.

Para os jovens matemáticos obcecados pelos computadores, foi um estalo. Eles viram que a incerteza da informação tinha semelhanças com a entropia na Termodinâmica. Nos dois casos, doses crescentes de incerteza estavam envolvidas. Aqueles moços que usavam óculos de lentes grossas, gravatas desajeitadas e calças largas – os primeiros nerds da humanidade – despertaram para essa proximidade de sentido e estabeleceram a analogia entre o grau de imprevisibilidade no movimento das partículas na Termodinâmica e o grau de imprevisibilidade da informação que poderá vir de uma máquina para outra máquina, ou de um computador (emissor) para outro computador (receptor).

Nasceu ali a metáfora mais formidável da ciência do século XX. Do mesmo modo que um capitalista quando fala em "alavancar uma empresa" não está falando em mover uma barra fixada num ponto de apoio, feito gangorra, para erguer uma pedra do outro lado, aqueles nerds matemáticos, ao falar de entropia, não se referiam ao movimento de partículas, à perda de calor ou aos sistemas termodinâmicos. Era apenas uma metáfora, pura metáfora. Melhor ainda: era uma metáfora que vinha acompanhada de uma equação – a equação que eles procuravam. Se aquela turma não tivesse forjado essa aproximação e essa analogia, não teríamos hoje tomografia computadorizada, Inteligência Artificial, *machine learning*, *big data*, urna eletrônica ou redes sociais. O mundo digital nunca teria acontecido.

Ninguém sabe o que é

Naqueles primórdios, Claude Shannon (1916-2001) se destacou. Ele encontrou as bases de uma teoria básica da informação que serviu para programar as máquinas que seus contemporâneos desenvolveram. Foi a teoria de Shannon que forneceu a ponte entre a comunicação de dados e os computadores. Foi também ele que sacramentou o uso da palavra entropia na Cibernética. O modo como isso aconteceu exerce fascínio ainda hoje.

Nascido na cidadezinha de Petoskey, em Michigan, nos Estados Unidos, Shannon estudou Matemática e Engenharia Elétrica na Universidade de Michigan. Transferiu-se em seguida para o Massachusetts Institute of Technology (MIT) e realizou um trabalho, mais que admirável, assombroso. Em sua visão, as máquinas seriam capazes de matematizar tudo. Aos 21 anos de idade, em 1937, fez sua dissertação de mestrado afirmando que a álgebra de George Boole, se aplicada às máquinas que calculavam (os arremedos de computadores), poderia resolver qualquer problema lógico.

Para entendermos o que isso significou, é bom situarmos quem foi George Boole (1815-1864). Natural de Ballintemple, um lugarejo da Irlanda, Boole elevou a álgebra a patamares até então inimagináveis. Era um sujeito capaz de falar qualquer coisa em linguagem matemática. Pensemos na seguinte assertiva:

Animais sujos são todos aqueles que têm o casco fendido e não ruminam, todos os que ruminam sem ter o casco fendido, e todos aqueles que não têm o casco fendido nem ruminam.

Vejamos agora como George Boole escreveu a mesma assertiva algebricamente:

$1-x = y(1-z) + z(1-y) + (1-y)(1-z)$

(Claro, no enunciado acima, "x" representa "animais limpos", "y" representa os "de casco fendido" e z representa os "ruminantes". A fórmula expressiva é tão simples quanto deslumbrante.[1])

Shannon quis levar essa álgebra para as máquinas. E levou. Contam que, poucos anos depois de seu mestrado, quando finalizava uma equação para medir a incerteza da informação, ele tinha dúvidas sobre qual seria a melhor nomenclatura. Qual a melhor palavra: incerteza ou entropia? Inicialmente, pensou em ficar apenas com a primeira. Já estaria de bom tamanho. Mas, em conversa com John von Neumann, mudou de ideia.

Von Neumann (1903-1957), o matemático húngaro que, nos Estados Unidos, foi protagonista na constituição da Cibernética, deu a Shannon um conselho ao mesmo tempo sábio e muito bem-humorado:

> Você deve chamá-la [a sua equação] de entropia, por duas razões: primeiro porque a fórmula trata mesmo dos mecanismos estatísticos, mas segundo, e mais importante, é que, como ninguém sabe o que é entropia, sempre que usar o termo estará em vantagem.*

A menção de Von Neumann aos "mecanismos estatísticos" não era frase de efeito, mas uma alusão certeira à Termodinâmica Estatística, que desenvolvera cálculos probabilísticos complexos. Os pesquisadores da Cibernética não tinham escapatória: teriam mesmo que trabalhar com probabilidades e

---

* A tradução é minha. Segundo a fonte, o episódio é citado em livros por Miron Tribus, que conheceu Shannon, por Georgescu-Roegen e outros. Ver em "What von Neumann said to Shannon", no site *Smart Cities*, disponível em: bit. ly/3MHebZP. Sobre a preferência inicial de Shannon por ficar apenas com a palavra "incerteza", sem lançar mão do termo "entropia", ver "John Von Neumann Remarks on Entropy", no site *Math Overflow*, disponível em: bit. ly/3MI2FgP.

com estatística, seguindo a trilha de seus colegas da Termodinâmica.

Fora isso, a *boutade* de que ninguém sabia direito o que era a entropia deixa patente o espírito moderno que, meio de revés, animava aquela turma. A ironia estava presente ali. Aqueles jovens tímidos e discretos, que se permitiam fazer alguma graça, cumpriam os desígnios da modernidade – em parte para bem, em outra parte nem tanto.

$$E = k^i$$

"o espetáculo é o capital
em tal gran
de acumulação
que se torna
imagem."
(Guy Debord)

Eugênio

Desorganização interessante

Fiquemos ainda na companhia dos rapazes que amavam os números. A noção que hoje temos de incerteza deve muito a eles. Lembro outro matemático dos Estados Unidos, Norbert Wiener (1864-1964), celebrado como um dos pais da Cibernética. Nascido em uma cidadezinha do Missouri, ele também defendeu a tese de que a entropia cairia como uma luva na computação. No primeiro capítulo de *Cibernética e sociedade*, livro lançado nos Estados Unidos em 1950, ele ensinou: "Assim como a entropia é uma medida de desorganização, a informação conduzida por um grupo de mensagens é uma medida de organização".[2]

Wiener advogou como poucos a junção entre os conceitos de entropia e de informação. Desde cedo, ele avisava: quanto mais provável é um determinado anúncio, menos ele realmente traz informação. Elementar. Se eu já sei que o Sol vai nascer às 6h32 da manhã, ninguém vai me contar novidade nenhuma quando me anunciar que o Sol, de fato, nasceu às

6h32 da manhã. Se um dado confirma o que já era esperado, tem pouco valor informativo. O valor da informação é diretamente proporcional à sua improbabilidade. Ou, nas palavras de Wiener: "Quanto mais provável seja a mensagem, menor será a informação que propicia".

No mesmo trecho, Wiener sustenta que "é possível interpretar a informação como sendo, essencialmente, o negativo de sua entropia". Ele pôs em frases simples e cativantes o que já era dado como certo pelos seus contemporâneos. A informação é do tamanho da entropia. E mais: a informação resolve a entropia, leva uma possibilidade de organização onde antes imperava a desorganização. Quer dizer: a entropia e a informação são equivalentes, mas invertidas; o tamanho da informação ("medida de organização") é exatamente do tamanho da entropia ("medida de desorganização"), mas com um sinal negativo. Onde a entropia deixa indagações em aberto, a informação deixa respostas eficazes.

Anos mais tarde, o arquiteto e editor americano Richard Saul Wurman faria um bom resumo de tudo isso. Criador dos guias Access – um formato impresso amigável e fácil de ler, que revolucionou as publicações sobre turismo –, Wurman foi também o idealizador dos badalados Ted Talks, as aulas em menos de 20 minutos que criaram um novo padrão para palestras. Em 1989, esse craque em informar o público de forma atraente e eficaz escreveu um livro marcante, no qual resumiu a matéria: "informação é aquilo que reduz a incerteza".[3] É o que é. Trata-se de uma definição marcadamente jornalística, mas nem por isso menos correta. Uma frase à altura dos matemáticos que começaram a aventura.

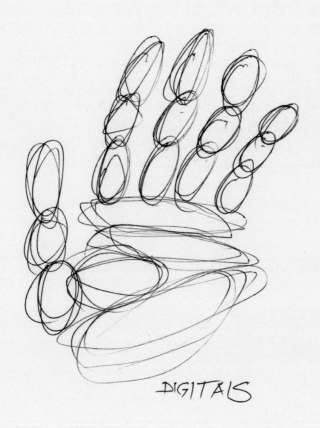

Gato não late

Nos primitivos laboratórios dos anos 1940, os matemáticos já operavam com a noção de que a informação reduzia a incerteza. Mas, se ficassem só nessa generalidade, não fabricariam máquinas potentes. Era necessário transpor essa concepção para a linguagem digital. Era necessário trabalhar com dígitos.

Naquele ambiente de fiações de cobre, a informação era vista menos como um conteúdo semântico e mais como um sinal elétrico. Uma luzinha piscando, um *bip*, um sinal transmitido de um caixote eletrônico a outro caixote eletrônico: ela estava no dado (ou num pacote de dados) que saía de uma máquina e chegava até outra em condições de ser decodificado.

A incerteza não era a angústia existencial de um namorado aflito, mas o vazio informativo em uma máquina que o sinal vindo de outra máquina iria preencher. Não percamos de vista que os calculistas estavam interessados na comunicação entre máquinas, não entre seres humanos. Queriam descobrir de que forma um sistema poderia transmitir dados compreensíveis para outro sistema.

Podemos imaginá-los tateando as trilhas do pensamento: "Que informação virá daquele sistema lá do outro lado para o meu sistema, que está aqui deste lado?".

Se aquele outro sistema lá do outro lado fosse mais imprevisível, diriam que era um sistema de alta entropia, de tal modo que seria difícil predizer o que sairia de lá. Se, por outro lado, fosse um sistema que não surpreendia o receptor, se fosse previsível em tudo, seria considerado de baixa entropia (ou baixa incerteza).

Àquela altura, eles já tinham entendido que precisavam lidar com probabilidades, o tempo todo. Aquilatar o tamanho da incerteza ou da informação correspondente era uma questão de jogar com probabilidades. Digamos que o sistema lá do outro lado fosse um computador rudimentar que imitasse as reações de um animal – um gato, por exemplo. Olhando para ele, os estudiosos passariam a levantar suas indagações. Uma delas, a título meramente ilustrativo, poderia ser: "Aquele gato vai latir? Sim ou não?".

Não é difícil perceber que para essa pergunta existe uma única resposta plausível: não. Temos aí uma situação em que, antes de a informação ser emitida, podemos ter 100% de certeza de qual será ela: não há nenhuma probabilidade de um gato latir. Logo, nenhuma surpresa possível no *front* – nenhuma incerteza, nenhuma entropia. Gatos, quando emitem som, só podem miar (ou ronronar, o que considero aqui como variação do miado). A probabilidade de um gato latir é igual a zero.

Acontece que, depois dessa primeira pergunta, viriam outras, que poderiam abrir um leque considerável de novas probabilidades. Quando o gato vai miar? E se, em vez de miar, ele ficar em silêncio? Se miar, serão miados longos ou curtos? Agudos ou graves? Esparsos e concentrados, espaçados e dispersos? Agora, sim, as predições vão ficando mais complicadas. A entropia é maior.

Com especulações desse naipe, os pioneiros procuravam calcular as probabilidades das respostas possíveis, de tal maneira que pudessem medir o tamanho (valor) da informação que aplacaria a incerteza original (cujo valor também poderia ser calculado). Dando outros passos, chegaram a um modo de organizar o cálculo: o valor matemático da informação seria proporcional ao número de perguntas e respostas necessárias para alcançá-la. Uma informação que dependesse de cinco respostas sequenciais para cinco perguntas sequenciais, encadeadas logicamente entre si, teria valor mais alto do que uma que dependesse de respostas sequenciais para apenas duas perguntas sequenciais. Era por aí. A cada dia mais, a incerteza ia se tornando uma grandeza quantificável. Mais e mais, eles se aproximavam da linguagem digital, que é a linguagem dos dígitos.

Passára
Partícula

Eugéni

Entre zeros e uns, o gato é você

De olho nessas perguntas e nessas respostas sequenciais, encadeadas segundo uma lógica irretorquível, Claude Shannon e seus colegas perceberam que o ideal seria trabalhar com duas unidades de informação elementares, que seriam a base de todo o resto. Duas e apenas duas. Era como se, para cada pergunta, pudessem existir apenas duas respostas possíveis: "sim" ou "não". Sem terceira alternativa.

Passo a passo, eles foram convencionando que a unidade da informação teria que caber nessa possibilidade dupla: ou a luzinha apagada, ou a mesma luzinha acesa; ou uma chave no "on", ou a mesma chave no "off". Em signos matemáticos, ou "0" ou "1". Com esses dois dígitos, nada mais do que dois dígitos, as máquinas se comunicariam matematicamente e eletronicamente. Estava dada a largada.

O nome desses dois dígitos em inglês ficou estabelecido como *binary digit* (dígito binário) ou, abreviadamente, *bit*. O termo "binário" quer dizer um de dois: 0 ou 1, luz acesa ou luz apagada, "on" ou "off". A partir dessa unidade binária se construiu todo o arcabouço da informação no mundo digital. É assim até hoje.

Aqueles inventores do novo mundo conceberam o modelo inaugural: um amontoado de *bits* poderia montar as mais complexas catedrais algébricas, e essas catedrais poderiam conter uma bíblia, uma enciclopédia, os bancos de dados com tudo sobre a vacinação contra a covid-19 no mundo inteiro.

Em 1948, Claude Shannon publicou o artigo "A Mathematical Theory of Communication" ("Uma Teoria Matemática da Comunicação"), em que cita o estatístico americano John W. Turkey (1915-2000) como o responsável pela criação da palavra *bit* (Turkey propôs o termo em 1947). Foi Shannon quem sacramentou a adoção do *bit* no mundo digital, mas não sem antes deixar bem claro que o autor da palavra não foi ele, e sim Turkey.

Pouco depois, o mesmo artigo for republicado em livro, que ele escreveu em parceria com Warren Weaver (1894-1978). Então, Weaver redigiu uma explicação menos cifrada da teoria, num texto que se tornou clássico.[4] O texto do livro é muito mais acessível e mais charmoso, graças ao talento jornalístico de Weaver. A partir daí, a "Teoria Matemática da Comunicação" virou bibliografia definitiva. A teoria de Shannon ganhou o estatuto de escritura sagrada na computação. Com ela, a fórmula vinda da Termodinâmica entrou de vez para a história da Cibernética. Desde então, tudo, tudo, tudo, absolutamente tudo passou a ser equacionado em linguagem matemática. Tudo, tudo, tudo, absolutamente tudo passou a ser processado apenas por zeros e uns. A incerteza, finalmente, era digital.

De quantos *bits* a máquina precisa para resolver a incerteza? Ou: quantas perguntas teremos que fazer para chegar à informação pretendida? A resposta agora era possível. Era calculável. Sabemos que o Log_2 de 8 é igual a 3 (Log_2 8 = 3), ou seja, 3 é o número de vezes que 2 precisa ser multiplicado por si mesmo para que o resultado seja 8 (2^3 = 8). O que isso quer dizer? Ora, muito simples. Isso quer dizer que, com uma máquina de três *bits*, você pode ter 8 combinações de zeros e uns ("nãos" e "sins") enfileirados: 000, 001, 011, 111, 110, 100, 101 e 010. Portanto, isso quer dizer que, se você tem uma máquina (hipotética) de três *bits*, a cada rodada poderá ter oito configurações possíveis. Em rodadas de oito, os *bits* comporão a resposta que você procura.

Com 16 *bits*, a capacidade dobra. Com 64 *bits*, tudo fica mais rápido, e você precisará de menos rodadas para chegar à mesma informação. Com 256 *bits*, mais rápido ainda: um monte de zeros e uns trabalharão ao mesmo tempo para responder a indagações sobre incertezas mil – e na velocidade da luz. O cálculo da informação, em essência, é isso aí. O resultado decorre da soma das probabilidades de cada uma das respostas possíveis. Em outras palavras, a entropia informativa de um sistema é igual à somatória (Σ) das probabilidades de cada uma das possibilidades (p_1, p_2, p_3 e assim por diante, ou seja, p_i).

Em suma: $H = -\Sigma p_i \log_2 p_i$.[*]

---

[*] Na formulação original, a máxima entropia teria o valor 1, e a mínima entropia estaria próxima de zero. A mesma fórmula, porém, pode se prestar a cálculos distintos, como o que encontra o número de *bits* necessários para certas operações, com resultados possíveis maiores do que 1. De todo modo, esse detalhe não nos interessa aqui e não incide sobre a linha geral do raciocínio desenvolvida neste texto. Ainda sobre a fórmula de Shannon, devemos lembrar que a referência direta vem da equação que ficou famosa com o físico austríaco Ludwig Boltzmann (1844-1906), normalmente chamada de Equação Boltzmann-Planck: $S = k \log W$. Aí, a letra "S" representa a entropia, "k" é a constante de Boltzmann e "W" é o número de arranjos possíveis dos átomos e das moléculas do sistema. A equação está gravada na lápide de Ludwig Boltzmann, em Viena. Foi ele quem desenvolveu os estudos que constituíram o campo teórico da Termodinâmica Estatística, mas a fórmula também leva o nome do físico alemão Max Planck (1858-1947) – Prêmio Nobel de Física em 1918, por seu trabalho na Física Quântica –, que teve papel decisivo na sua elaboração.

Explicando um pouco melhor: o valor matemático da informação (H) cresce na proporção do número de *bits* (representado pelo *log*), da quantidade de respostas possíveis e da probabilidade de cada uma delas.

Não custa lembrar uma vez mais que o valor da entropia coincide com o valor da informação. Quando um matemático diz que o valor da entropia é grande, seja ele Shannon, Wiener ou Neumann, está dizendo que o valor da informação é grande. Não custa relembrar também que, quanto mais difícil prever uma informação, mais valor ela terá.

O resto virou rotina. Hoje, quando você vai digitar uma mensagem no WhatsApp, o seu *smartphone* "adivinha" a palavra ou a frase que você pretende escrever e já indica as alternativas na sua tela (na maior parte das vezes, acerta de primeira). Tudo é uma questão de hierarquizar corretamente as probabilidades. Se você digita lá um "v", a máquina sabe que a probabilidade é de que, depois do "v", venham outras três letrinhas, "ocê", é de 60%, 95% ou 100%. Isso se faz por meio de idas e vindas de *bits* (0 ou 1), com perguntas e respostas concatenadas que funcionam na base do "sim ou não". Processadores cada vez menores e cada vez mais velozes fazem tudo isso em frações de tempo cada vez mais infinitesimais.

Volto ao exemplo do gato, mas agora com uma pequena alteração: desta vez, o gato é você. Isso mesmo. Para o seu *smartphone*, você é o gato, ou, ainda, você é um sistema como qualquer outro, do qual poderão vir certas respostas, e não outras. Umas respostas possíveis são previsíveis, outras podem ser surpreendentes.

O seu *smartphone* calcula tudo isso. Ele dispõe de um conjunto de respostas possíveis, às quais atribui probabilidades precisas. Ele sabe muitas coisas a seu respeito. Sabe, por antecipação, que a probabilidade de você começar a latir é mínima. Sim, você é um fator de incerteza para a máquina e para os algoritmos que, por meio da máquina, têm acesso aos seus cacoetes e às suas manias – mas, atenção, a incerteza que você representa para a máquina é cada vez menos incerta. Sobre o seu comportamento, os equipamentos digitais têm cada vez mais certezas do que incertezas.

O zero de perfil = um
O um = qualquer dígito de perfil
O zero = ausência de dígitos
    (de perfil ou de frente)

Eugênio

O incerto alguém e o dono da máquina

O nosso problema, setenta e cinco anos depois da publicação do artigo de Claude Shannon, é que a máquina é um fator de incerteza muito maior para você do que você para ela. A maior parte das dúvidas a seu respeito seu *smartphone* já contabilizou e precificou. Os aplicativos e os algoritmos sabem quase tudo do que está por trás dos seus dedos que digitam e dos seus olhos que se movem de modo atarantado percorrendo cada milímetro quadrado da tela. É por isso que a máquina "adivinha", no instante mesmo em que você digita o "v", que você vai escrever "vazio", ou "valor", ou "vício".

O nosso problema está do outro lado, quero dizer, está do lado de cá. O nosso problema é que você não tem ideia de como a máquina faz para saber tudo sobre você. O nosso problema é que do lado de lá existe um conjunto de operações complexas, muito lucrativas e inacessíveis para você.

A gente não sabe direito o que se passa do lado de lá. Quase ninguém sabe. As únicas pessoas que têm algum conhecimento a respeito do lado de lá são aquelas que têm a chave do cofre onde as *big techs* – como a Alphabet, que é dona do Google e do YouTube, ou a Meta, proprietária do Facebook e do WhatsApp – trancafiam os códigos de seus algoritmos. São pouquíssimas pessoas.

A nossa vida caiu numa assimetria sem paralelos. Do lado de lá, o centro nervoso do "mundo digital", monopolizado pelos conglomerados de tecnologia, é fonte de enormes incertezas para a imensa maioria da humanidade. Os algoritmos, controlados pelos gigantes da tecnologia, já equacionaram quase todas as indefinições que poderiam restar sobre o comportamento das pessoas. Do lado de cá, a gente olha para os conglomerados e não enxerga o que eles guardam. Eles têm paredes opacas.

Você vai fazer um exame de sangue. O seu clínico geral tem certas expectativas em relação aos resultados. Pelos sintomas que avaliou, ele considera a possibilidade de que apareçam marcadores de uma ou outra enfermidade. Esses indicadores são mais ou menos prováveis, conforme o parecer clínico do seu médico. De todo modo, até que saiam os índices do laboratório, você não passa de um sistema com um determinado grau de entropia. Quanto mais incerteza houver em relação aos possíveis resultados do seu exame no laboratório, mais valor terá a informação que vier de lá.

Mas existem todas as condições tecnológicas para que os algoritmos saibam das probabilidades do seu exame com mais acurácia que seu clínico de carne e osso. Assim como o celular antecipa, tão logo o seu dedo aperta a letra "v" no WhatsApp, que a sua intenção é escrever "vírus" ou "viral", um sistema que tenha acesso ao banco de dados do seu laboratório e a milhares de outros bancos será capaz de projetar as tendências prováveis dos resultados. Essas tendências prováveis estarão baseadas nos padrões estatísticos extraídos dos dados dos seus exames anteriores combinados com dados de milhões ou bilhões de outros pacientes.

Um aglomerado de zeros e uns dentro do seu celular poderá antecipar, com uma boa margem de *certeza* matemática, quando o diagnóstico terrível aparecerá para a sua pessoa. E por que os sistemas querem saber sobre o futuro da sua saúde? Isso mesmo: porque essa predição tem valor de mercado, notadamente para as companhias de seguro.

Existem também as consequências, digamos, propedêuticas dessas previsões clínicas.

Adestrados pelo *big data*, os médicos se comportam cada vez mais como gestores de risco: administram a "carteira" de indicadores clínicos de seus pacientes (colesterol, glicemia, triglicérides e por aí vai) com o objetivo de tirá-los dos grupos estatísticos menos favoráveis. O bem-estar e a saúde se reduzem a arranjos probabilísticos. O tratamento que nós recebemos nos consultórios é uma variante de métricas atuariais, com a finalidade de nos retirar dos quadrantes em que os sinistros têm mais chance de ocorrer. Os profissionais da medicina se comportam mais ou menos como os operadores das bolsas de valores ou como os gestores de fundos de ações. Quanto aos hospitais, vão ficando parecidos com os bancos de investimento.

Trocando em miúdos (em zeros e uns), a incerteza é um bem (ou um mal) que se distribui de forma iníqua no mundo digitalizado: ela é maior, é imensa, é intransponível para os humanos que não são donos de fortunas, de grandes empresas ou do poder; ela é reduzida, bem administrada e lucrativa para os donos das companhias que valem bilhões ou trilhões de dólares e para os que comandam a máquina da política.

No mais das vezes, nós vemos essa iniquidade como uma fissura entre humanos e máquinas, mas, para dizer a verdade, estamos falando aqui de uma fissura entre classes sociais. A diferença é que os de cima, a elite da elite da elite, têm a propriedade da tecnologia, da qual extraem ganhos com a incerteza, enquanto os de baixo só perdem com ela. O nosso problema, enfim, não reside na tecnologia, mas nas relações de propriedade que a amarram.

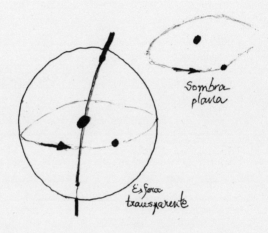

As variações de velocidade de um planeta em órbita elíptica podem ser percebidas na sombra plana de um ponto na superfície de uma esfera transparente que gira sobre si mesma em velocidade constante.

Eugênio

Uma religião digital

Somos todos crentes. Somos a civilização que delegou à técnica a tarefa de computar o que era incerto e não sabido. A confiança que depositamos no diferimento probabilístico das nossas dúvidas mais exasperantes gera o efeito químico que nos pacifica. Nós acreditamos de mãos postas que a informação é de todos e de todas, e que o cálculo da incerteza gera benefícios públicos universais. Ah, como é reconfortante.

Somos a civilização que se viciou em estatística. A gente adora as pesquisas eleitorais, a ponto de não ser mais possível organizar o debate público sem elas. Dependemos delas. A gente gosta de projetar as chances de cada time nos campeonatos esportivos. Vivemos uma era em que todos os mistérios cabem num gráfico de barras. Cifras e métricas dominam a avaliação da democracia e da liberdade de expressão pelo mundo, assim como das universidades, das empresas privadas e do clima. Da felicidade, inclusive. Parâmetros matemáticos – como o Índice de Gini, que aponta com precisão milimétrica o grau de concentração de riqueza num país – aferem com objetividade impessoal fenômenos como a desigualdade econômica, que antes eram descritos apenas em perorações opinativas.

A mania por fórmulas, álgebras, marcadores e indicadores não se limita à esfera das ciências exatas. Tudo andou sendo matematizado, até mesmo a Teoria Psicanalítica do francês Jacques Lacan (1901-1981), que tinha uma certa obsessão pelo que chamava de "matemas", quer fossem símbolos ou frases algébricas inventadas por ele para representar o sujeito dividido ($) e o fantasma ($◇a), entre tantas outras categorias teóricas ou clínicas.

A cultura média crê mais em números que em palavras. Gostamos de supor que os processos administrativos intermediados por *hardwares* e *softwares* ganham mais objetividade e ficam menos incertos do que aqueles intermediados por seres humanos. Se o *páthos*, a ganância e os afetos devem ser banidos da gestão, como preconiza a assepsia dita republicana, nada melhor que computadores para resolver os impasses públicos. Eles não têm parentes, amigos, sócios nem amantes. Acreditamos que a tecnologia reduz a incerteza porque seria infensa à ideologia. Acreditamos nisso porque, assim como não vemos a classe social por trás da máquina, também não vemos lá o imperativo de acumulação de capital.

Na trilogia tebana, de Sófocles, quando o rei precisava entender o que se passava a sua volta convocava um adivinho a sua presença, e lá vinha Tirésias, o infalível, para descortinar os mistérios que rondavam o palácio. Isso era na Grécia Antiga – e mitológica. Atualmente, um governante em apuros manda chamar o marqueteiro, e este, ato contínuo, contrata uma agência de pesquisa de opinião. O nosso apego à numeralha tem elementos de uma religião – uma religião dos dígitos ou, mais propriamente, uma religião digital.

Os números, as fórmulas e as estatísticas são as divindades do fanatismo da técnica, o nosso fanatismo. Damos como certo que, com o auxílio luxuoso de zeros e uns em aparelhos insondáveis, estamos menos propensos a subjetivismos nocivos como o patrimonialismo, a corrupção, o nepotismo e o abuso de poder. Pode soar espantoso, mas o homem perfeito para o ideal do bem público em voga precisa ser um organismo de silício, ao menos em parte. Na religião digital, ou no fanatismo da técnica, nutrimos uma queda por ciborgues morais.

Eis o fetiche em que desembarcamos: a impessoalidade maquínica. Existimos na enfermaria em que o Iluminismo enlouquece. Conectados a *chips* e processadores, nós nos supomos menos à mercê da dissimulação, da malícia e da mentira. A nossa serenidade repousa na convicção de que a inverdade só floresce na incerteza humana. Raramente temos ouvidos para a suspeita de que a certeza encenada pelas máquinas que a tudo nos respondem com tanta segurança talvez seja a pior forma de mentira.

Indesejável e desejável

O mais incrível é que, lá no finalzinho da década de 1940, Claude Shannon e seu parceiro Warren Weaver cuidaram de alertar para o fato de que nem toda incerteza é ruim. Eles defenderam abertamente que havia a "incerteza desejável". Esta não deveria ser contida, mas estimulada.

Para entender melhor esse detalhe esquecido, vamos recuperar as palavras deles: "A incerteza que aumenta conforme aumenta a liberdade de escolha da parte do emissor é uma incerteza desejável. Já a incerteza que cresce em decorrência de erros ou de ruídos é a incerteza indesejável".*

---

* SHANNON; WEAVER. *The Mathematical Theory of Communication*, p. 19. Isso já era a décima reimpressão de uma obra em capa dura. As primeiras edições, em capa mole (*paper bound* ou *paper back*), apareceram em 1963. No original: "*Uncertainty which arises by virtue of freedom of choice on the part of the sender is desirable uncertainty. Uncertainty which arises because of errors or because of the influence of noise is undesirable uncertainty*".

Não deixa de ser desconcertante. Se os dois autores investigavam modelos de comunicação entre sistemas, não entre pessoas, como poderiam falar em "liberdade de escolha" do emissor? Máquinas, por acaso, poderiam ser consideradas livres? Existiria alguma "liberdade" das máquinas?

A resposta admite dois planos. No primeiro, mais técnico, a palavra "liberdade" deve ser lida como um pressuposto da incerteza: a aleatoriedade das mensagens possíveis seria uma característica *a priori* do emissor que não é de todo previsível. "Liberdade", assim, funcionaria como outro nome para "imprevisibilidade".

No segundo plano – a meu ver, o que mais importa –, os dois matemáticos enxergavam, por trás das máquinas ou da sua programação, a presença humana, nem que fosse virtual. Por essa via de explicação, o termo "liberdade" ganha um significado maior: se há um emissor livre do outro lado, fica aberta a possibilidade real de que a comunicação das máquinas auxilie verdadeiramente a comunicação entre pessoas. Sendo assim, a "incerteza desejável" abre caminho para a comunicação entre pessoas livres por meio de sistemas computacionais.

Se for o contrário, se o sistema de onde me chegam as mensagens manda sempre o mesmo sinal, idêntico, invariável, eu não tenho aí uma informação propriamente dita, mas uma redundância pura e simples, cujo valor informativo é próximo de zero. A redundância – o sinal que repete o já sabido e não me traz nada de novo – prima pelo que me entedia. A redundância é sinal de liberdade escassa.

Sei disso por experiência própria. Todo dia, às 9 da manhã, um sino de igreja bimbalha nas cercanias da minha casa. Se eu não tivesse onde olhar as horas, aquele badalar que tem a voz de uma ressaca me serviria de relógio e, assim, viria para mim como informação. Mas, como estou informado sobre os horários, minuto a minuto, seja pelo meu relógio de pulso, seja pelo meu celular, seja pela programação dos sites a que vivo ligado, aquele sino não me conta nada que eu já não saiba. Redundância vibracional. Ele soa a partir de um lugar onde não há nenhuma "liberdade de escolha". O pessoal da igreja em questão é aborrecidamente previsível em sua monotonia: nunca perde a hora, nunca se adianta, nunca aciona o badalo às 11h15 ou às 8h27. Informação zero.

Voltando a Shannon e Weaver, eles viram que, para que haja informação, é preciso haver algum grau de incerteza (imprevisibilidade) e, obviamente, algum nível de "liberdade de escolha". Mais ainda: sem que o interlocutor nos surpreenda, ainda que minimamente, não há sequer comunicação, porque não há troca de pontos de vista – tudo se reduz a uma reafirmação do que o sujeito já sabe, uma redundância narcísica. Por esse motivo, mais profundo, a Teoria Matemática da Comunicação ensina que a liberdade e a incerteza são premissas da comunicação e da informação.

Não quero ser ingênuo, mas eu gosto desse jeito de pensar. Bem sei que o trabalho de Shannon, impulsionado pelo didatismo da escrita de Weaver, deu origem, ainda que longínqua, ao estado atual das redes sociais e da grande concentração de capital e poder nas empresas de tecnologia. Sei disso. Não obstante, o modo como a Teoria Matemática da Comunicação elaborou o tema da liberdade tem um encanto singelo, cativante, que resiste ao tempo. O modo como essa teoria inventou os conceitos de "incerteza indesejável" e "incerteza desejável" nunca deveria ter sido esquecido. Se não estivesse perdido na poeira do tempo, talvez viesse a calhar nos nossos dias.

Vale a pena recuperar esse pensamento. Para compreender devidamente a "incerteza desejável" em sua dimensão matemática, devemos compreender antes o que a teoria classifica como "incerteza indesejável". Esta não decorre da "liberdade do emissor", mas de defeitos, inconsistências ou "ruídos" ("*noise*") nos circuitos da comunicação. Um exemplo de "incerteza indesejável" é a falha na recepção da voz da pessoa com quem a gente conversa no celular. "A ligação está picotando", costumamos dizer. Tempos atrás, ela aparecia frequentemente nos "chuviscos" que nublavam a tela da televisão analógica. Hoje, a "incerteza indesejável" vem à tona quando, na tela do *notebook*, as imagens se congelam durante uma *live* porque a banda não é tão larga assim. Ela sobrevém de falhas técnicas e só faz piorar a comunicação. Já a "incerteza desejável" resulta da vitalidade dos interlocutores e melhora a comunicação.

Como se vê, nem mesmo para Claude Shannon e seu parceiro Warren Weaver, que eram gente das exatas, a incerteza deveria ser vista unicamente como um fator de aflição ou de angústia. Incerteza, para eles, não era sinônimo de mentira. Eles a tinham na conta de um componente natural – e, no mais das vezes, desejável – dos processos comunicacionais.

Da guerra à paz

Após o fim da Idade Média, a humanidade atravessou portais de transformação cultural de alcances colossais, como o Renascimento, o Iluminismo, a Revolução Industrial, o socialismo, a eclosão dos meios de comunicação de massa e a era digital. Se dividirmos esse percurso em etapas, veremos que, na consumação de cada um desses portais de transformação, a ordem que estava estabelecida antes não tinha como ser restaurada depois.

Seja no Renascimento ou na eclosão dos meios de comunicação de massa, seja no Iluminismo ou nas revoluções digitais, a matéria social transitou para estados marcados pela irreversibilidade. Qualquer tentativa de retorno fracassaria – como fracassaram todas as que foram implementadas. Guardadas as proporções, podemos dizer que em todas essas grandes mudanças houve aumento de "entropia" – social, cultural, histórica ou política (o aumento de entropia costuma trazer junto o aumento da irreversibilidade). Em todas essas mudanças, a incerteza cresceu.

Eu, que comecei este ensaio com a desconfiança de que a ciência existe apenas para nos dar metáforas de presente, peço licença para outro palpite de risco. Lá vai: a missão da modernidade se resume a gerar novas incertezas. Quem for capaz de jogar com elas, caminha para a frente.

O matemático inglês Alan Turing (1912-1954), durante a Segunda Guerra Mundial, encarou o terrível desafio de decifrar os códigos secretos da comunicação das tropas nazistas. Como ele poderia dar conta da tarefa? Na dúvida (essencial), começou a empregar modelos teóricos parecidos com os de Shannon, calculando e recalculando a combinação simultânea de probabilidades múltiplas. Como um *hacker* antes do tempo, Turing implementava experimentos sucessivos de tentativa e erro, até que atravessou a barreira de blindagem da criptografia alemã. Descobriu o segredo. Ele soube tirar proveito da "incerteza desejável" no seu próprio equipamento (trabalhando com diversas probabilidades simultâneas) para identificar a "incerteza indesejável" no equipamento do inimigo, aquela que provinha de erros ou vulnerabilidades do código nazista.

É tentador imaginar que, no nosso tempo, até mesmo a paz é uma conquista desse pacto que o pensamento firma com o incerto. Foi por aí que a Cibernética, lidando com possibilidades esquivas, deixou uma contribuição decisiva para derrotar o regime que industrializou o Holocausto.

O resto da história é triste, mas ainda fiel aos descompassos da modernidade. Homossexual, Alan Turing foi perseguido pelo conservadorismo dos costumes. Depois da guerra, a Justiça o condenou por crimes como indecência e obscenidade. Sua pena foi a castração química. Não suportando os efeitos que a sentença acarretou sobre seu corpo, o matemático se suicidou, aos 41 anos de idade. Morreu como vítima de uma intolerância antimoderna, que não admitia um milímetro de indefinição que fosse nas identidades sexuais.

Em 2013, Turing foi perdoado postumamente pelo Reino Unido. Em 2021, uma cédula de 50 libras com o seu rosto como efígie entrou em circulação. Hoje, é cultuado como um dos maiores gênios do século XX e venerado como herói britânico. A incerteza erótica que ele representava – uma incerteza desejante – triunfou.

Hesito em recorrer a um chavão, mas farei isso: vou citar Shakespeare para falar de modernidade. Quando Hamlet pergunta "Ser ou não ser?", é disso que se trata. A princípio, sua indagação admite duas e apenas duas respostas: "ser" (1, ou "sim") ou "não ser" (0, ou "não"). O esquema de "ou isso ou aquilo" é moderno, por certo, tanto que comparece reiteradamente na poesia da nossa era (não apenas em Cecília Meireles). A proposição aristotélica de que aquilo que é não pode ao mesmo tempo não ser virou um *hit* atual (inclusive por motivos ruins). Mas, sem prejuízo de nada disso, não podemos perder de vista que "sins" ou "nãos", sem meios-tons, são insuficientes. Na verdade, o tempo moderno só começa quando as duas respostas binárias, ainda que indispensáveis, abrem as portas para o que hesita, o que considera e reconsidera, o que desmonta o raciocínio e o rearranja em seguida. É isso, aliás, que o próprio Hamlet passa a fazer. Ele fica por horas a fio falando, falando e falando entre as duas alternativas. A incerteza no moderno é bela e inclemente, perturbadora e estruturante. Entre 0 e 1, ela às vezes não fica com nenhum dos dois. Na paz ou na guerra.

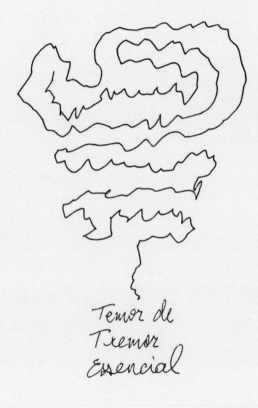

Mulheres

Pensemos agora na Capitu, de Machado de Assis. Ela costuma ser lembrada por estar associada à infidelidade. De minha parte, não creio que repouse nisso o charme daquela jovem dama com "olhos de ressaca". Em hipótese nenhuma eu a escalaria para o mesmo time de Madame Bovary, de Flaubert, Anna Kariênina, de Tolstói, ou a Luísa, de *O primo Basílio*, de Eça de Queiroz. Capitu, mais do que a probabilidade do adultério incerto, representa a incerteza.

O tema de Machado em *Dom Casmurro* é menos a traição conjugal e mais a impossibilidade de saber, o tempo todo. Daí que seu tema é também a modernidade. *Dom Casmurro* vem ao leitor como advertência permanente: é preciso conviver com ela, Capitu, do mesmo modo que é preciso conviver com o que não é certo e sabido, nem será. O que o Princípio da Incerteza, de Heisenberg, avisou na Física Quântica, Machado já avisava na literatura fazia tempo.

Entram aí, de novo, os recursos da arte e das metáforas. Como representar a incerteza que não seja por uma mulher? Temo – ou desejo – que a condição feminina seja a sua melhor expressão. Penso num espírito feminino do tempo. Dizem que a verdade, ela mesma, seria uma mulher que, depois de tapeada pela mentira, também mulher, saiu do poço nua em pelo, como na tela de Jean-Léon Gérôme de 1896.[*] Eu gostaria de vê-la nesse instante exato, despida e desorientada, mas aquela moça nunca se mostrou a mim daquele jeito. Espere. Corrijo-me. Deixo a verdade para depois. O que eu gostaria mesmo de ver é a face feminina da incerteza, mais linda que a face da verdade, porque mais dúbia – e nunca mentirosa.

Na tradição da cultura brasileira, vamos pedir uma consulta a Noel Rosa e Vadico, autores do samba "Pra que mentir?", gravado em 1939 por Silvio Caldas. Os versos, à primeira audição, acusam a mulher de uma certa (ou incerta) fluidez excessiva:

> Pra que mentir?/ Se tu ainda não tens/ Esse dom/ De saber iludir? [...] Pra que mentir?/ Se tu ainda não tens/ A malícia de toda mulher? [...] Pra que mentir/ Tanto assim?/ Se tu sabes que eu sei/ Que tu não gostas de mim?/ Se tu sabes/ Que

---

[*] A tela *La Vérité sortant du puits* encontra-se no Museu Anne de Beaujeu, Moulins, Allier, na França. Pode ser vista em: bit.ly/41sQTLd.

eu te quero/ Apesar de ser traído/ Pelo teu ódio sincero/ Ou por teu amor fingido?

O poeta enamorado, que se descabela em versos, é pura dúvida. Diz que a mulher mente e finge, mas não consegue entender por que é que ela faz isso – se é que faz. Sem entender, pergunta sem parar: "Pra que mentir?". Mas o que mais o dilacera na amada não é a mentira, e sim a incerteza indomável.

Algumas décadas depois, Caetano Veloso trouxe a informação que desmontaria a entropia de Noel e Vadico. Com a canção "Dom de iludir", de 1986, o compositor respondeu à pergunta dos dois sambistas. Relembremos a letra:

> Não me venha falar na malícia de toda mulher/ Cada um sabe a dor e a delícia de ser o que é/ [...] Você sabe explicar/ Você sabe entender, tudo bem/ Você está, você é, você faz/ Você quer, você tem/ Você diz a verdade e a verdade é o seu dom de iludir/ Como pode querer que a mulher vá viver sem mentir.

Nos versos de Caetano, a verdade é masculina. Sabemos que ela já foi pintada como mulher, mas, prestemos atenção, a verdade mudou de gênero, numa transição sintomática. A possibilidade "trans" emerge como outro fator da incerteza moderna, uma vez que até mesmo a condição de ser homem ou mulher deixou de ser fixa.

De outra parte, fica dessa letra a proposição de que, se a verdade é masculina e apenas masculina, a mentira não é um vício. É, isto sim, parte do código do espírito feminino, como se fosse uma fibra de sua linguagem. Nesse ponto, já não se fala da mentira que engana, mas da que desafia: é meio como a capoeira, o drible, um jeito de corpo ou a ginga que encerra uma afirmação de viés e confunde o poder, não se deixa apreender por ele. Mentir, então, é viver. A mulher é ser (mais) incerto, ser (mais) entrópico, ser que surpreende ao escapar dos moldes de virtudes heterônomas como a lealdade, a fidelidade e, especialmente, a previsibilidade. A mulher-incerteza tem algo de inacessível ao cálculo – e nisso residiria, penso eu, o suprassumo da "incerteza desejável", sem a qual nada é feito. Desse modo, ao superar a entropia de Noel e Vadico, a composição de Caetano Veloso cria outra, mais difícil e mais sedutora.

E, já que entrei por essa senda, não consigo deixar de mencionar o amor cortês do século XII, aquele que idealizava a mulher amada. O amor cortês teve desdobramentos poéticos na forma narrativa dos contos de fada e, em boa medida, no amor romântico, que viria mais tarde. O que me interessa destacar é a fantasia do "final feliz", que tem forte apelo especialmente nos namoros de príncipes e moças de nobreza incerta. Em que consistia esse arremate, "E foram felizes para sempre"? Eu diria, modestamente, que consistia na morte: na morte da incerteza.

Aquele "final feliz" matava a imprevisibilidade, qualquer que ela fosse, e dava curso a uma utopia repressiva, em que é preciso encerrar a história para que o amor possa, enfim, principiar. Sim, nesse modelo de ficção, o amor só se faz depois do final. O "felizes para sempre" tem o sabor de um epitáfio. O moderno, que duvida da felicidade e do "para sempre", vai se levantar contra esse tipo de final tolo para amar o incerto e o indefinido, ainda que não o confesse.

A síntese dessa postura aparece, de modo único, num verso de Carlos Pena Filho. Imersos em "tudo que é insolvente e provisório", ainda temos a saída de "entrar no acaso e amar o transitório".*

---

* Soneto "A solidão e sua porta", de Carlos Pena Filho: Quando mais nada resistir que valha a pena de viver e a dor de amar/ E quando nada mais interessar (nem o torpor do sono que se espalha)/ Quando pelo desuso da navalha/ A barba livremente caminhar/ e até Deus em silêncio se afastar/ deixando-te sozinho na batalha/ Arquitetar na sombra a despedida/ Deste mundo que te foi contraditório/ Lembrate que afinal te resta a vida/ Com tudo que é insolvente e provisório/ e de que ainda tens uma saída/ Entrar no acaso e amar o transitório.

A ciência, a imprensa e a política

Consideremos agora a triangulação entre ciência, imprensa e política. A primeira deve seu exercício à incerteza constante, movediça e indispensável. Não há como ser diferente. As pesquisas progridem à medida que contestam o já sabido, e, se tudo fosse pura certeza, nenhuma contestação caberia. A própria ciência demanda questionamento, posto que o seu saber inevitavelmente comporta falhas, fissuras e inconsistências, como se fosse um longo experimento que nunca se conclui. Se o saber não for falível, não será confiável. Rejeitando o dogma, a ciência é o oposto da religião, que se apoia na fé.

Tinha razão o escritor irlandês George Bernard Shaw (1856-1950) quando, em 1930, numa palestra para homenagear Albert Einstein, em Londres, saiu-se com uma tirada espirituosa sobre a religião, que nos confortaria com certezas, e a ciência, que as descontrói uma por uma. Disse Bernard Shaw: "A ciência nunca resolve um problema sem criar dez outros".[*]

---

[*] A tradução usada aqui é a que foi proposta por Ruy Castro, em uma crônica intitulada "Deliciosa e rude franqueza",

Sendo jocoso, estava certíssimo.

Claro que há conhecimentos científicos bastante sólidos e estáveis, como no caso das vacinas, da velocidade da luz, do aquecimento global e do próprio método científico, mas, até mesmo aí, uma lâmina de incerteza sempre persiste. Cientistas passam a vida como patinadores, deslizando sobre essa lâmina.

Assim também se comportam os jornalistas, o que nos leva ao segundo vértice da triangulação que me propus a desenhar. A notícia se assemelha a uma lanterna de náufrago: deixa escapar lampejos tênues na noite líquida. É uma luzinha trêmula dentro de um bote que flutua sobre águas convulsionadas, é uma pista, uma possibilidade que não se fixa, uma indicação passageira de um fato que pode salvar vidas. A notícia procura apontar para acontecimentos

---

publicada na página A2 da *Folha de S.Paulo* em 1º de janeiro de 2023. Na verdade, Bernard Shaw foi ainda mais sardônico: "A religião está sempre certa. A religião nos protege contra esse grande problema que todos devemos enfrentar. A ciência está sempre errada. [...] A ciência nunca resolve um problema sem criar dez outros". (No original: "*Religion is always right. Religion protects us against that great problem which we all must face. Science is always wrong. [...] Science can never solve one problem without raising ten more problems.*") Ver esclarecimentos sobre a origem dessa frase de Shaw no site Quote Investigator, disponível em: bit.ly/3oaojjD.

relevantes, normalmente aqueles que o poder teria preferido manter ocultos – cintila e se apaga em meio a ondas de dúvidas que se batem umas contra as outras.

Os jornalistas também se abastecem do que é incerto. Em seu método – que pode ser interpretado como um pacto de convivência pacífica com a ausência de certezas –, eles se esmeram no garimpo de fragmentos do acontecido. O repórter apura os eventos seguindo rastros deixados pelo erro de quem, na tentativa de esconder o malfeito, se descuidou. O profissional da imprensa recolhe inconfidências, deslizes, atos falhos, vazamentos e acidentes processuais. O incerto é seu ponto de partida. Não só isso: dada a incompletude essencial de toda notícia, o incerto é também seu ponto de chegada, ainda que seja um incerto um pouco menos incerto que o ponto de partida.

À primeira vista, o fazer do jornalismo lembra o trabalho do investigador policial. Ambos perseguem indícios que o improvável deixou escapar. Mas essa parecença é ilusória, enganosa. As duas profissões são radicalmente distintas – e é na maneira como cada uma delas lida com a incerteza que podemos entrever as diferenças diametrais que as separam. São diferenças de método.

O policial tem autorização para ouvir telefonemas sigilosos e vascular correspondências e extratos bancários de outras pessoas. O repórter, não; só o que pode fazer é lidar com elementos que porventura escapem de esconderijos aos quais não tem acesso. Sua matéria-prima vem de quem fala o que não deve, por espontaneidade involuntária, vaidade ou ressentimento. Vem também do que foi esquecido num tampo de mesa, num cesto de lixo, do que foi descartado inadvertidamente. O repórter não interroga, apenas entrevista.

Em contraste com o detetive, que tem mandados para remexer nas gavetas de residências e atua em condutas de exceção, violentas ou intimidatórias, o jornalista se move sem nenhuma prerrogativa especial. A polícia se define por ser invasiva; o jornalista não pode invadir. A incerteza que o policial investiga é aquela que, a despeito da privacidade do cidadão, o Estado se declara no dever de tocar, de capturar, de enquadrar, de prender. Já aquela a que o jornalista dirige seu foco é a que deixa uma escama à luz do Sol. A polícia ataca a incerteza que, aos olhos da autoridade estatal, não devia nem ter se atrevido a aparecer. A imprensa se aproxima da incerteza para conviver melhor com ela. Como a ciência, a imprensa só existe num ambiente que desconfia de certezas peremptórias.

Quanto à política – o terceiro vértice da minha triangulação –, esta nos conduz à democracia. Como bem observa o professor e grande estudioso da Filosofia Política Renato Janine Ribeiro, "a política, na nossa era, só pode ser democrática."[5] A disputa pelo poder e a gestão do Estado que agridam os valores democráticos violam também a natureza dialógica e humanista da ação política, e só podem ser vistas como anacronismos autocráticos e regressivos.

O mais intrigante é que, ao tecer direitos e reduzir privilégios, a *práxis* democrática conflui para o que podemos definir como um incremento contínuo de entropia. A vida social fica menos monótona, no sentido termodinâmico da expressão: as relações humanas vão se configurando de formas pouco previsíveis, os destinos individuais podem tomar cursos fora do *script*.

Outros podem dar a isso o nome de complexidade crescente, mas o fato é que a política democrática se dá num ordenamento que é amigo da incerteza, aquela que Warren Weaver e Claude Shannon chamaram de "desejável". A tirania, em que o exercício do poder asfixia a política, restringe movimentos e constrange o trânsito das ideias e dos seres, rebaixando a imprevisibilidade, a surpresa e a incerteza desejável. Não é por outra razão que, na tirania, a informação tem seu valor corroído, a ciência cai sob o controle do poder, a imprensa sofre um processo de colonização e a política se rebaixa em administrativismo.

Ou espírito, ou animal, ou ambos

Foi pelas mãos do britânico John Maynard Keynes (1883-1946) que a impossibilidade de prevermos os acontecimentos ocupou um posto de honra também no pensamento econômico. Para muitos dos intérpretes de Keynes, a incerteza figura como a pedra de toque de sua obra – que mudou não apenas o estudo da economia como a própria gestão da macroeconomia na primeira metade do século XX. Em 1921, em *A Treatise on Probability* (*Um tratado sobre probabilidade*),[6] ele refletiu sobre o socorro que a matemática probabilística poderia dar aos economistas.* Sem dúvida, as equações e as medições poderiam ajudar no dimensionamento

---

* Eu me baseio, para essas considerações, em uma aula particularmente inspirada do professor e economista Luciano Coutinho, no Instituto de Economia da Unicamp, no III Escola de Estudos sobre Teoria Keynesiana, promovido pela Associação Keynesiana Brasileira (AKB), e pelo Young Scholars Initiative do Institute for the New Economic Thinking (YSI/INET). A aula está disponível no YouTube em: https://youtu.be/GZ-V1OsNkVI.

do não sabido. Quais as chances de uma epidemia se alastrar e modificar o futuro? Como aquilatar indefinições climáticas?

É claro que podemos encontrar medições que ajudem a ponderar riscos futuros. No fundamental, porém, o porvir é incerto. Keynes ensina que o imprevisível é imprevisível e continuará imprevisível. Sempre restará uma incerteza irredutível. Não obstante, a atividade econômica não espera: de um jeito ou de outro, vai tomar a iniciativa e vai investir contra o imprevisível. Mesmo sem ter segurança do que vai acontecer no dia de amanhã ou no ano seguinte, o agente vai decidir e vai procurar implementar o que decidiu. Baseado no seu grau de confiança subjetiva, em alguma crença racional ou mesmo no seu ímpeto instintivo, vai pôr em marcha o que julga ser melhor para o seu empreendimento. Mais do que isso: ao agir, vai influenciar o futuro.

Isso nos leva a uma constatação interessante: se o que virá pela frente se esconde por detrás do imponderável, a ação adotada no presente – ou a ação baseada no grau de confiança que os agentes depositam em certas probabilidades – exercerá um peso considerável sobre o que virá pela frente. O capitalista intui isso. Formando a sua *expectativa* – palavra-chave para Keynes –, tomará uma resolução e seguirá adiante. O nome dessa impetuosidade, para Keynes, é "espírito animal".

A expressão arranha no ouvido. Originalmente, ela vem do latim, *spiritus animalis*, e se refere a uma noção já conhecido pelos gregos antigos, para os quais existiria, no corpo, a sintetização da energia primordial que move a vida. *Anima*, em latim, quer dizer "alma", ou "psique". A etimologia da palavra "espírito", por sua vez, remete a "sopro", "sopro de vida". Na linguagem presente, porém, "espírito animal" ganha outra conotação e adquire novos significados – por isso arranha o ouvido. Nos nossos dias, com o nosso repertório linguístico, o termo "animal" parece designar não a "alma", mas a animalidade bruta que subsistiria no humano. Basta ver que o termo, quando dirigido a uma pessoa, é um xingamento, e dos mais grosseiros. Nesse registro, a expressão que Keynes apreciava tanto tem um quê de paradoxal, como um tipo de contradição em termos, pois o espírito, que tem parte com a razão, não poderia encontrar conciliação com aquele impulso pouco polido que, desconhecendo a sensatez e o tirocínio, segue em frente como um cão raivoso.[*]

---

[*] O filósofo e poeta francês Paul Valéry explica bem essa oposição irreconciliável entre a ideia de espírito e a ideia que se pode ter de um animal. Ele chama o espírito de um

Na nossa língua corrente, em suma, a expressão "espírito animal" carrega uma tensão interna que não se pacifica. É mais ou menos como "capitalismo selvagem". Curioso, no mínimo.

É claro que Keynes não pretendeu fazer o elogio do empresário como a besta-fera do mercado, mas acabou, inadvertidamente, deixando escapar um certo (ou incerto) enaltecimento da estupidez que se levanta contra o desconhecido e o irreconhecível, a despeito de qualquer prudência. Esse entendimento torto – um desvio cognitivo – tem forte apelo no senso comum. O imaginário assimilou como verdade a noção de que mercadejar faria parte da "natureza" humana. O senso comum acredita que a fome de lucro faz parte dos instintos mais puros do *homo sapiens*. Um dos dogmas do nosso tempo é a crença de que as relações de mercado são laços naturais, não culturais. Nem de longe suspeitamos que a atividade do comércio constitui um *lócus artificialis*. Nesse

---

"instinto estranho" e, depois, afirma que ele "tende a refazer de alguma forma o ambiente de nossa existência, a nos dar ocupações às vezes excessivamente distantes daquelas que a pura e simples preocupação com a vida animal nos impõe" (VALÉRY, Paul. La Politique de l'esprit. In: *La crise de l'esprit, La politique de l'esprit, Le bilan de l'intelligence*. Las Editions AOJB. ASIN: B07B4HTS23. Edição Kindle. Posição 520).

contexto, a expressão "espírito animal" corrobora a naturalização do capitalismo.

De toda forma, sem o "espírito animal", o agente econômico não teria o impulso de se mover para cima do incalculável que fica logo ali adiante. De uma parte, o capitalista reúne os dados possíveis, calcula, projeta, planeja. De outra parte, aposta, desafia as probabilidades e procura moldar o futuro. Ele precisa viver – viver economicamente. E, para viver, precisa imprimir sua vontade sobre o mundo econômico. No seu "ser econômico", portanto, pulsaria o "espírito animal" – e aí não faz muita diferença a maneira como a gente compreende (ou não) esse tal "espírito".

Fiquemos então com a "psique" do empresário. Se, além de voluntarista e destemido, ele tiver algum brilho, vai saber levar em conta, ao formular sua decisão, não apenas a sua própria expectativa, mas também as expectativas dos demais. O bom "homem de negócios" é aquele que tem boas antenas para captar tendências – e as tendências nada mais são do que o entrelaçamento das expectativas dos outros. De posse disso, esse "homem de negócios" vai surfar a onda certa, sem nunca se afastar em demasia dos outros agentes. Keynes cravou uma tirada espirituosa a respeito: "A sabedoria universal indica ser melhor para a reputação fracassar junto com o mercado do que vencer contra ele".[7] O negociante de sucesso não deixa de ter também talento político refinado: não descuida dos pares, com os quais também compete.

Outro economista, o estadunidense John Kenneth Galbraith (1908-2006), levou mais longe as indagações sobre como convivemos com aquilo que não sabemos como será. Em um de seus livros de maior impacto, *A era da incerteza*, de 1977, enfrentou as perguntas mais terríveis de sua época.[8] A obra virou uma série documental da BBC no mesmo ano, apresentada pelo próprio Galbraith, que gravou episódios em diversos países. A superprodução jornalística foi um êxito mundial. Numa das passagens mais fortes, o economista discorre sobre o que se passaria se a hecatombe nuclear eclodisse e varresse cidades do mapa. O que poderia acontecer com a humanidade? O que seria da cultura? E do planeta? Ninguém tinha certeza de nada. O espectador ficava pensativo e temeroso.

Pensando bem, a mesma dúvida persiste, assim como persiste, de forma ainda mais intensa, aquela ideia que Galbraith escolheu para dar título ao seu livro e, com ela, descrever o caráter do nosso tempo. Ainda hoje, e mais ainda, a incerteza desorienta a humanidade. Ainda hoje, muito mais do que na década de 1970, a incerteza orienta o mundo digital.

Espírito
Animal

O dinheiro

O fato é que o dinheiro se excita ao se aproximar das imprevisibilidades. Excitação sexual. No dialeto dos economistas, o dinheiro negocia com o risco. Sente atração pelo risco. Mas não se trata de uma atração fatal. Para a pecúnia, a palavra "incerteza" costuma aparecer com sinais trocados, com faces dissimuladas e com vetores invertidos. A democracia se apraz com o incerto; o capital, não exatamente.

O mercado, a exemplo do que se dá com a ciência, com a imprensa e com a política, também evolui na incerteza, com a qual tem uma dívida impagável. Para ele, no entanto, isso é mais um problema do que uma solução. Na fórmula do mercado, informação traz potencial de lucro, enquanto a incerteza – mesmo aquela que Shannon e Weaver chamariam de "desejável" – é sempre fator de risco, e o risco, embora irresistível, magnético e arrebatador, é bicho incômodo. É preciso encabrestá-lo.

Claro que pontos cegos, zonas de sombra e margens de indefinição não podem faltar ao ambiente de negócios. Se todo mundo soubesse tudo antes e ao mesmo tempo, quero dizer, se todo mundo tivesse acesso no mesmíssimo momento aos mesmíssimos dados, ninguém comerciaria com ninguém – não, ao menos, nos moldes capitalistas. O comércio não pode dispensar a exclusividade, a primazia e a vantagem de uns sobre os outros no trato da informação.

Sim, a incerteza é constitutiva da economia e ninguém precisa ser Keynes para estar de acordo com isso, mas a aversão a ela, e ao risco que lhe é inerente, começa logo na página seguinte. O mercado não funciona com um conhecimento que seja comum a todas e todos. Longe disso. O mercado só acontece quando existem disparidades informacionais. O comerciante que sabe mais do que o cliente leva a melhor sobre ele. Quem sabe mais que o concorrente tem mais chance de sucesso. Quem tem mais conhecimento com mais antecedência ganha mais.

Saber o que o outro não sabe é a alma do negócio desalmado. As relações de mercado supõem a existência de uma incerteza difusa, mas a informação só tem valor quando reflete a assimetria modelar. Ou ela é "vantagem competitiva" ou não é nada. Ela vale enquanto for só minha e de mais ninguém. Só é boa quando reduz o meu risco e eleva o do outro.

Se na ciência e na imprensa a incerteza tem a ver com o método, e se na política ela é benigna – uma vez que favorece a expansão continuada dos direitos, das identidades e das liberdades –, no mercado ela rende lucro para os informados e prejuízo para os desinformados. É uma conflagração constante, ainda que disfarçada. Investidores e comerciantes só pensam em termos de táticas e estratégias de combate, tanto que as empresas, no seu planejamento e na sua língua corrente, tomam a guerra como metáfora – de novo, as metáforas. Em seu palavreado sumário, os agentes do capital falam em alvo, mira, avanços, recuos, conquista de território. Sua meta é tirar o concorrente do campo de batalha.

Na política democrática, se dá o oposto: os agentes se apresentam para tecer a paz, forjando padrões viáveis de convivência entre os diferentes. Não, a guerra não é "a continuação da política por outros meios", como propôs o general prussiano Carl von Clausewitz (1780-1831); a guerra é a desnaturação da política pelo meio da violência. O mercado, sim, é a continuação da guerra por meios dissimulados.

Como se estivesse em guerrilhas, escaramuças e emboscadas, o capitalista se vale da informação que o outro não tem para ganhar posições. Saber o que o outro não sabe é uma arma poderosa nas transações mercantis desde muito tempo. Já no século XIV, as cartas comerciais com informes mercantis – como cotações ou relatos sobre o transporte de especiarias

– se tornaram regulares.* De modo sistemático, fazer negócio é sinônimo de mercadejar com dados exclusivos e de explorar a ilusão do outro.

Se, na política, a incerteza tende a socializar a informação e, consequentemente, a favorecer a multiplicidade de pontos de vista, a redução da desigualdade e a superação das assimetrias, no mercado ela é mais um problema do que uma solução: só é lucrativa quando se converte em um ativo controlado por donos privados. De posse de uma informação que é conhecida só por ele e por mais ninguém, o agente vai se aproveitar da "janela de oportunidades" para ganhar dinheiro explorando o que o outro ignora.

Na esfera do capital, só o saber proprietário tem valor. Seria de se esperar que os mercadores valorizassem a incerteza, a exemplo do que fazem os cientistas, os jornalistas e os bons políticos, mas

---

* "A troca de informações se desenvolve na trilha da troca de mercadorias. [...] A partir do século XIV, a troca antiga de cartas comerciais foi transformada numa espécie de sistema corporativo de correspondência. [...] Mais ou menos contemporâneos ao surgimento das bolsas, o correio e a imprensa institucionalizaram contatos permanentes de comunicação" (HABERMAS, Jürgen. *Mudança estrutural da esfera pública*. Tradução de Flávio R. Kothe. Rio de Janeiro: Tempo Brasileiro, 1984. p. 29).

o que eles valorizam, de fato, é o conhecimento secreto que só uns poucos dominam. A incerteza, portanto, constitui um problema de fundo no ambiente dos negócios, e a solução para esse problema é a informação exclusiva e, de preferência, secreta. O código-fonte dos algoritmos e dos *softwares* das chamadas *big techs*, como Amazon, Meta e Alphabet, é secreto, por definição.

Num plano superficial, no jogo de cena, os apreciadores da acumulação costumam enaltecer os investidores e empreendedores que se dispõem a "tomar risco". Contudo, se não nos contentarmos com a superfície, se quisermos ir além das aparências, aprenderemos que "tomar risco", no mais das vezes, equivale, de fato, à habilidade de jogar o risco para o outro. Não quero aqui ser ríspido com ninguém, mas é mais ou menos como trapacear no jogo de pôquer.

Quando o nível de imprevisibilidade fere o domínio dos interesses proprietários, o discurso capitalista ganha notas hostis. Expressões como "componente extra de incerteza" ou "dose adicional de incerteza" viram signos negativos para municiar ataques à política. Aí, a fala capitalista se desnuda e fere. Na superfície, o dono do dinheiro gosta de saudar o risco (gosta de saudá-lo com "u", não com "l"), mas, no fundo do seu coração de vil metal, abomina o risco. Ele aplaude a meta de inflação como um redutor estatal da faixa de incerteza monetária, mas, fora disso, não gosta nem um pouco que a ordem pública restrinja o seu *laissez-faire*, ainda que tolere de sorriso no rosto as ocasiões em que quem sofre limitações é o *laissez-faire* do outro. É assim que o burguês, que não admite que o direito positivo lhe ofereça barreiras, reage à regulação democrática com um xingamento: "quebra da segurança jurídica".

Gestão iníqua da incerteza, o que é, o que é? Capitalismo.

tripé macroeconômico

Mais assimetrias

A contradição é dilacerante. Eu diria que é estrutural, mas o adjetivo já está por demais puído, gasto, exaurido. Prefiro "dilacerante". É mais dramático, bem sei, mas um pouco menos esvaziado pelo uso excessivo e um tanto abusivo do pobre adjetivo "estrutural".

A contradição é a seguinte: com a mesma força que a democracia moderna tende à incerteza, o capital foge dela. A mesma especulação que lucra com a desinformação dos menos abastados repele com violência (simbólica ou material) a presença da política sobre a incerteza que explora. O capital só pode se afirmar no monopólio sobre o cálculo da incerteza, e esse cálculo só existe para beneficiar quem a calcula em detrimento do outro, que a ignora. O capital produz ignorância para lucrar – ou não seria capital.

Quem manda na era digital são os conglomerados monopolistas globais – as gigantes de tecnologia que são as controladoras reais da era digital, as *big techs*. Essas companhias investem bilhões em pesquisas, com o único objetivo de produzir resultados privados e privativos, jamais públicos. A produção privativa de conhecimento gera a ignorância fabricada, que produz o desconhecimento, sobretudo o desconhecimento dos direitos. Na outra ponta, gera o aperfeiçoamento dos mecanismos de exploração lucrativa da incerteza. Nessa cartilha, a informação é regalia para ajudar uns poucos a burlar a livre concorrência.

São essas características do capital que entram em contradição direta com a política democrática. São também essas as características que determinam o comportamento dos *softwares* proprietários, da Inteligência Artificial, do *machine learning* e do *big data*. Quando vemos um algoritmo com viés francamente classista (como nas recusas de empréstimos para consumidores de extração mais modesta), estamos vendo de frente a técnica que não esconde, mas revela o capital. Quando flagramos um comportamento racista nos critérios programados de dispositivos digitais (como as câmeras de reconhecimento facial que incriminam mais negros do que brancos), estamos diante do capital que se trai.

Não, não pretendo antropomorfizar o mercado ou as relações sociais. Não pretendo ver uma personalidade preconceituosa e perversa em teias complexas e impessoais. De modo algum. Não posso deixar de anotar, todavia, que o capital, em sua inércia automática, tende a acentuar as iniquidades em cima das quais processa a acumulação. Parece uma divindade caprichosa, mas é apenas o capital que, ao se reproduzir, reproduz as condições propícias à sua própria reprodutibilidade. O viés classista e o preconceito racial fazem parte dessas condições. No que depender do motor automático, o dinheiro não se compadece de ninguém, seja no chão de fábrica, seja na internet.

Alguns falam em "civilizar" o capital, e o fazem de boa-fé. Mas, nos marcos da democracia, a única forma de civilizar o capital seria aboli-lo. Não, não se trata de uma utopia impossível. Há processos políticos institucionais, sem ruptura, que tendem à abolição relativa do capital. São processos cumulativos. Quando, em 1908, o presidente dos Estados Unidos Theodore Roosevelt fez do Grand Canyon, no estado do Arizona, um monumento nacional, impedindo que a área fosse espoliada pelo extrativismo selvagem, contrariou o interesse das maiores fortunas de seu país e arrancou territórios do jugo capitalista. Theodore Roosevelt não era comunista, nem pensar, mas seu ato limitou geograficamente o poder econômico: suprimiu esse poder de uma região demarcada e impôs uma barreira ao domínio do dinheiro. Trata-se de um exemplo de abolição completa do capital? É evidente que não, mas é um exemplo de que, no curso de progressão da política democrática, sucessivos limites vão sendo impostos, numa abolição relativa. Isso significa que, se a democracia segue seu curso, o capital precisa interromper o seu, paulatinamente.

Políticas que conjugam taxação progressiva podem indicar a mesma tendência, afirmando o princípio democrático segundo o qual os ganhos econômicos são ganhos sociais, ao menos em alguma medida. Da mesma forma, medidas públicas que diminuem o alcance do poder econômico (privado) sobre a vida das pessoas acarretam barreiras contra o mesmo capital. Trata-se de reduzir a possibilidade de que decisões internas de cúpulas empresariais gerem efeitos normatizadores sobre a vida social.

Até o momento, porém, as chances de sucesso dessa empreitada civilizatória restam incertas, especialmente no mundo digital. Quando as diretrizes dos conglomerados monopolistas globais, que se materializam nos algoritmos, regulam as relações comunicativas entre os cidadãos, a democracia perde terreno. O algoritmo (privado) é a lei (pública). Em outras palavras: por meio de *softwares* e algoritmos proprietários, o capital legisla sobre a sociedade – e o faz com eficácia. A pessoa que se comunica com seus pares pelo Facebook ou procura se informar pelo Google é regida por normas privadas (pelos protocolos de navegação, que são privados), embora transite por espaços sociais que deveriam ser públicos. Nessa quadra da História, quem ganha terreno é o capital, que amplia seu predomínio de vocação monopolista sobre a gestão – iníqua – das incertezas da nossa era.

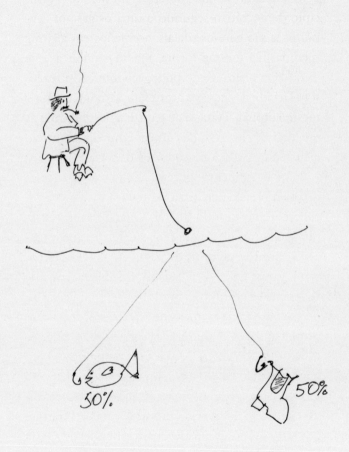

Que humano?

Nesse contexto adverso, os defeitos discriminatórios do mundo digital não se originam de má-fé, de imperícia ou de falta de zelo. Eles não são causados por acidentes tecnológicos ou pela falta de empatia de programadores egoístas. Ao contrário, são consequência direta do apetite capitalista, que pode ser monstruoso, mas é impessoal.

Dizem que "humanos" esclarecidos poderiam desfazer as disfunções dos mecanismos discriminatórios capitalistas na rede. Toda tentativa, por definição, é válida, mas não é bem assim que vai se desfazer o que precisa ser desfeito. Está na cara que não é assim. Não era assim desde antes da invenção de computadores. As relações de produção imperam a despeito das vontades individuais. O capital cumpre sua pauta, antes mesmo que a consciência crítica se dê conta do que se passa.

No século XIX, a Revolução Industrial maximizou a exploração do trabalho empregando mão de obra infantil, em jornadas extenuantes. Foram necessárias décadas para que surgisse uma oposição a esse abuso desumano. Agora, com o propósito de maximizar o olhar – que gera valor na Superindústria do Imaginário[9] –, as *big techs* exploram a atenção das crianças, e não há resistência sólida para essa nova forma de abuso. Se há misoginia no ambiente digital, é porque as trabalhadoras recebem salários menores que os dos homens. A misoginia, portanto, justifica ou amplifica o lucro. Se há racismo, é porque há um ganho com isso, a despeito dos protestos que se avolumam. A técnica, no mundo digital, representa o capital.

Cito uma vez mais as palavras do professor Tércio Sampaio Ferraz Jr., quando me encomendou a palestra para o Seminário da Feiticeira de 2022. Sobre o "incerto mundo digital", ele me pedia para refletir em torno da "mente perversa que ninguém sabe de onde vem" e que se põe a "manipular os algoritmos".

Ora, essa perversidade não é propriamente humana, mas rigorosamente desumana. Não devemos ver por trás do "mundo digital" pessoas de carne e osso, mas uma classe social, e, por trás dessa classe, devemos ver a técnica que ordena a ação das pessoas de carne e osso.

Eu sei que é contraintuitiva a proposição de que as pessoas não utilizam a técnica como ferramenta, mas são por ela transformadas em ferramentas.

Mesmo assim, insisto. Não há mais como separar técnica e capital. Ambos são corpos em fusão irreversível. Já cruzamos o ponto de não retorno. Podemos mesmo afirmar que a técnica, ao se desvencilhar da razão, assumiu o lugar de braço automático do modo de produção. Ou, em perspectiva inversa: o modo de produção capitalista, emancipado de qualquer forma de regulação efetiva que pudesse vir da política democrática, abraçou o corpo inteiro da técnica e passou a habitá-la como se dela fosse o "espírito animal". E é.

Os conglomerados monopolistas globais dominam as redes sociais com suas ferramentas de exploração do olhar e de extrativismo de dados pessoais, que são potencializadas pelo assédio viciante que captura o desejo. Nisso se materializa a mais perfeita tradução do capital como sujeito. A "mente perversa" não vem da ganância individual de um programador sem escrúpulos ou de um grupo de nerds acanalhados, mas da relação de produção. A tragédia da civilização se resume ao fato de não termos encontrado maneiras de deter essa inércia devoradora.

É verdade que homens e mulheres que dedicam seu trabalho para realizar as proezas do mundo digital podem acalentar a veleidade de redimi-lo ou regenerá-lo. Nos anos 1940, o próprio Claude Shannon fazia parte do corpo de pesquisas dos

Laboratórios Bell, com um desempenho que se tornou lendário. Ele podia ter intenções idealistas, fraternas, altruístas? É claro que sim. Mas, desde antes de Shannon, a técnica atrelada ao capital preside os rumos da superindústria, subjugando até o fim as fagulhas de criação livre que nos restam. Logo, sem prejuízo dos parâmetros éticos que influenciaram os matemáticos e engenheiros dos primeiros tempos, eles não usaram a técnica para aprimorar a convivência democrática, nem teriam como fazê-lo. A História demonstra, de modo exaustivo, que aconteceu o contrário: Shannon e outros gênios foram colonizados pela técnica, esta sim a titular da "perversidade" do mundo digital.

Eu já disse aqui e vou repetir, talvez com outras palavras: os algoritmos reduzem a incerteza que ainda perdura sobre os seres humanos (que são seu objeto, não o seu sujeito); no extremo oposto, o público só vê aumentarem as incertezas que cercam os algoritmos. O algoritmo sabe tudo sobre os circuitos secretos do desejo de cada um e cada uma. No outro lado da mesma assimetria, cada um e cada uma nada sabem sobre os desígnios que movem os algoritmos. A quem isso interessa? À reprodução em escala amplificada do modo de produção.

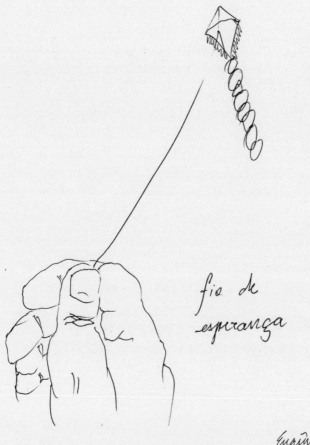

A virtude de aumentar a incerteza

Até aqui, caminhamos com a fórmula de que informação é aquilo que reduz a incerteza. Claude Shannon, Warren Weaver e, a seu modo jornalístico, Richard Saul Wurman tinham bons fundamentos para corroborar essa definição. O que me informa é o que resolve a minha incerteza original. Estão todos certos. No entanto, depois de termos visto que a ciência tem na incerteza o seu combustível, que a política se enriquece com ela em diálogos pacíficos e que o avanço do projeto moderno desmancha as velhas certezas pétreas, dogmáticas, sem que isso ameace o modo de vida, é chegada a hora de inverter a máxima. Por que não? O incerto reserva uma virtude, como já vou demonstrar.

"A informação *aumenta* a incerteza." A primeira vez que ouvi essa frase foi numa conversa com o meu professor Luiz Augusto Milanesi, da Escola de Comunicações e Artes da Universidade de São Paulo (ECA-USP). Lá se vão uns bons sete ou oito anos. Um dos maiores especialistas em biblioteconomia do Brasil, Milanesi pensava sobre a dinâmica das bibliotecas. Um estudante vai até lá, pega um livro, faz sua consulta e sai de lá com inquietações novas. Imediatamente, ele se vê impelido a fazer outra consulta, a ler outro livro, e assim sucessivamente. Não para mais. O acesso à informação gera perguntas inesperadas, que não eram sequer imaginadas antes.

O pesquisador maduro sabe que pouco sabe (rendendo homenagens diárias a Sócrates). Então, pesquisa mais. O bom repórter é aquele que sabe que não sabe, mas sabe encontrar quem saiba, conforme repetia um velho jornalista que não gosta de ver o seu nome citado. Em seu itinerário investigativo, o repórter travará contato com interrogações que antes não eram suas conhecidas. Quem lê os jornais também experimenta sensações análogas: do que se inteirou, surgem questionamentos diferentes, imprevistos, inquietantes. Enfim, no modo de ver de Milanesi, que também é o meu, uma informação é boa quando traz junto de si novas questões em aberto.

Isso não nega a definição de Wurman, que ainda resiste de pé. Só o que temos a fazer, em lugar de revogá-la, é acrescentar a ela esse complemento um tanto perturbador: a informação, ao resolver a sua incerteza inicial, cobra de você o preço de aceitar outra, que antes não estava lá. Esse negócio não tem fim – muito menos tem final feliz. "Amar o transitório", conforme o verso de Carlos Pena Filho, pode ser o segredo. Ter noção de que a ciência sempre traz novos problemas a cada vez que resolve um, como ironizou Bernard Shaw, também é parte do segredo. O incerto não nasceu para ser erradicado, mas para receber cuidados, atenção e, se possível, estima.

Se entendemos que desconfiar das certezas é uma virtude, entendemos também que o complemento de criar dúvidas inéditas vai tornando a informação mais interessante: ambígua, ambivalente, ela tem dois gumes, é anfíbia. É meio trans. O próprio Tirésias, de quem falei há pouco, era também meio trans. Ou inteiramente trans. O adivinho grego retratado por Sófocles era homem, mas foi mulher por algum tempo – ao menos é o que diz a mitologia – e não se recusava a dar seu testemunho. Tirésias garantia que a mulher, no sexo, tem nove vezes mais prazer do que o homem. O saber é escorregadio e inapreensível.

A experiência da modernidade – que foi tão lembrada aqui – tem a ver com o talento de conviver com o que permanece nas brumas, sem se revelar. As imagens dos sonhos nos fogem da memória quando abrimos os olhos pela manhã, ainda que algumas delas, desconexas, esgarçadas, ainda fiquem na nossa cabeça. Não ter as lembranças íntegras, intactas, não ter respostas inteiras, não ter conclusões fechadas, saber-se uma pessoa incompleta – nisso consiste o esclarecimento que podemos ambicionar. Somos seres de incertezas, e no plural.

Eu não devo falar em nome da teoria psicanalítica, pois não tenho autorização para tal. Só o que posso, como leigo, é lembrar que o conhecimento e o reconhecimento da falta pavimentam o caminho do sujeito que quer saber de si. Há nisso uma pista, embora camuflada. Saber de si, de algum modo, é saber-se como outro – que é sempre fugitivo. Quem aprende a se ver como outro entende que entre o "eu" e o "ser" há revestimentos discursivos intermináveis, todos eles perpassados por acobertamentos inacessíveis. Eu sou outro – que não sabe de mim.

Escrevo estas linhas poucos dias depois da morte de Pelé, quero dizer, do Edson Arantes do Nascimento (1940-2022). Pelé falava do Edson na terceira pessoa, e este se referia a Pelé do mesmo modo, na terceira pessoa. O "eu" de Pelé era o outro, do mesmo modo que o outro era o seu "eu". Que isso nos sirva não de modelo, mas de sintoma aparente. Se sou capaz de me contemplar como outro, como um terceiro, posso me entender como um precipitado de vazios, de pontos cegos, de faltas, mergulhado num mar do qual nunca sairei: o mar da incerteza.

O infinito dentro
Mesmo de ponta-cabeça

Eugênio

A boa radicalização

Nós, humanos, chegamos até aqui porque estamos embarcados numa explosão de informação, como disse Richard Dawkins. Para ele, a vida nada mais é do que uma explosão de informação.[10] Trata-se de mais uma boa metáfora, mais uma: a palavra "informação", com o sentido que adquiriu nas ciências exatas, vem tendo um emprego cada vez maior, e mais prolífico, nas ciências biológicas, gerando mais conhecimento. Seja como espécie, seja como indivíduos, somos vetores de instruções genéticas: o nosso corpo se forma conforme determinações contidas nos cromossomos.

As instruções genéticas são "respostas" que preenchem os "vazios informativos" dos organismos vivos para definir como serão suas formas, seu crescimento, sua evolução. Ao mesmo tempo, essas "respostas", por mais imperativas que sejam, deixam prognósticos em aberto, pois não podem definir tudo de antemão. E isso a tal ponto que, se eu virar Richard Dawkins de ponta-cabeça e disser que chegamos até aqui porque estamos embarcados numa "explosão de incertezas", vai dar no mesmo.

Viver não é certo, no sentido de não ser um cálculo preciso. Quase tudo em nós é incerto. O esquecimento é incerto. O inconsciente é incerto. Mesmo aquilo que julgo saber tem o capricho de me enganar. Muita gente gosta de repetir que "a vida não tem ensaio". Quanto a mim, prefiro pensar que a vida não é mais do que um ensaio, trajeto inconcluso, errante e, aqui ou ali, acertado ou prazeroso.

O nome desse meu ensaio é *Incerteza*. Acontece que a incerteza, ela própria, comparece em nossa vida como um ensaio sem fim. Uma existência que ignore a dimensão de que nada é certo – nem mesmo essa assertiva – não passa de uma chatice ilusória. Viver o transitório não é tão mau assim. Qual o problema de não saber tudo aquilo que a gente acha que sabe? John Preskill, professor de Física Teórica na Cátedra Richard P. Feynman, do Caltech (California Institute of Technology), escreveu uma frase no Twitter, em 2015, que diz tudo: "Sou um cientista porque não me incomoda estar confuso a maior parte do tempo".[11]

Só o que não dá, só o que é inaceitável e afrontoso é isso de a incerteza agora ter um dono – ou dois ou três donos, oligopolistas e cartoriais. A incerteza, mais do que o tempo, é o tecido de que somos feitos. Saber disso nos liberta. Agora, que essa incerteza tenha um proprietário, isso não é direito.

Olhemos ainda uma vez para o mundo digital. As *big techs*, os conglomerados monopolistas globais, imperam nos nossos dias como as companhias mais valiosas de toda a história do capitalismo. E o que elas fizeram? Sequestraram de nós o contato com a incerteza vital, capitalizaram os riscos, precificaram a ignorância fabricada.

O contexto, se soubermos enxergá-lo, vai nos assombrar. A assimetria entre o capital fundido à técnica, de um lado, e a política democrática, de outro, atingiu um patamar que lembra descrições do totalitarismo. Nas tiranias totalitárias, o poder central tem acesso a cada detalhe da intimidade das pessoas, das famílias, de qualquer agrupamento social. De seu lado, as pessoas, as famílias e as comunidades não conseguem se inteirar de nada, absolutamente nada que diga respeito aos métodos, à rotina e aos assuntos do poder central.

No totalitarismo, o núcleo do Estado é perfeitamente opaco e blindado, enquanto a privacidade pessoal é transparente e vulnerável (ao poder). Ora, troque a palavra "Estado" pela palavra híbrida "capital-técnica" e você terá o retrato fidedigno dos nossos dias. Nós não somos apenas seres olhados no espetáculo do mundo. Agora, somos olhados, vigiados, vasculhados, inspecionados e capitalizados no espetáculo do mundo. Quanto ao centro nervoso e financeiro desse espetáculo, este não é para os nossos olhos e muito menos para o nosso juízo crítico. O nome disso é totalitarismo – um totalitarismo de tipo diferente, admito, mas, ainda assim, totalitarismo.

Como mudar? A resposta passa pela radicalização da democracia, com a adoção de marcos regulatórios mais efetivos, no plano nacional e no plano internacional (por acordos multilaterais), para conter os conglomerados monopolistas globais. Em termos gerais, trata-se de um esforço análogo àquele que adotamos para enfrentar os efeitos extremos da mudança climática. As legislações nacionais, sozinhas, são impotentes. É possível mudar? Talvez. Um grau exíguo de possibilidade ainda nos resta para fazer a mudança, embora ela nunca tenha sido tão improvável.

Agradecimentos

Há três anos sou coordenador acadêmico da Cátedra Oscar Sala, sediada no Instituto de Estudos Avançados (IEA) da USP. O projeto nasceu de uma parceria entre o IEA, o Comitê de Governança da Internet do Brasil (o CGI) e o Núcleo de Informação e Coordenação do Ponto BR (Nic.br). A convivência com os estudiosos desse campo do conhecimento, novo e inquieto, motivou este pequeno ensaio. Agradeço especialmente a Demi Getschko, pela conversa sobre o Princípio da Incerteza de Heisenberg. A Virgílio Almeida, titular da nossa cátedra no período 2022-2023, sou grato pela leitura prévia dos originais e pelas sugestões precisas, preciosas e sempre generosas. Lucia Santaella, Hartmut Glaser, Luiz Fernando Martins Castro, Guilherme Ary Plonski e Magaly Prado têm sido interlocutores pacientes e inspiradores.

Devo registrar também minha gratidão a Octavio de Barros, criador e líder do grupo de reflexão República do Amanhã, do qual faço parte. Octavio, entusiasta da "destecnocratização da política" e conhecedor das ideias de Keynes, me ajudou também com a leitura dos originais e as correções que fez. Ana Paula Cardoso, minha orientanda no doutorado da ECA-USP, no Programa de Pós-Graduação em Ciências da Comunicação (PPGCOM), trouxe uma contribuição inestimável na revisão e preparação deste texto, além de propor mudanças certeiras.

Os colegas pesquisadores do Center for Artificial Intelligence (C4AI), na USP, que funciona com apoio da Fundação de Amparo à Pesquisa do Estado de São Paulo (FAPESP) e da IBM (International Business Machines Corporation), são para mim outra fonte de aprendizado. Glauco Arbix, João Paulo Veiga, Fabio Cozman, Dora Kaufman e toda a turma representam a principal referência nessa linha de pesquisa no Brasil. Dialogar com eles, mesmo que de modo esporádico, é uma alegria.

Paulo Nussenzveig, pró-reitor de Pesquisa e Inovação da USP, além de pesquisador e cientista de primeira linha, tem sido fraterno em compartilhar sua sabedoria com os amigos. Tenho sorte de contar com ele, a quem devo a lembrança do diálogo bem-humorado entre Claude Shannon e John Von Neumann. Paulo também me apoiou na correção dos originais.

Os comentários de Raul Cutait e Antonio Penteado de Mendonça, que conversaram comigo sobre o tema, foram decisivos para que eu entendesse a necessidade de redigir estas páginas. Sem a editora Rejane Dias dos Santos, acolhedora, delicada e segura, nada disto aqui teria acontecido.

Por fim, não posso deixar de registrar, como já anotei ao longo do ensaio, que este livro nasceu do convite que recebi do professor Tércio Sampaio Ferraz Jr. para que eu fizesse uma palestra sobre "O incerto mundo digital" no Seminário da Feiticeira, em Ilhabela, em dezembro de 2022. Em sinal do meu reconhecimento, dedico a ele e a sua mulher, Sônia Macedo de Mendonça Sampaio Ferraz, organizadores do Seminário da Feiticeira, este meu trabalho – corrido, é verdade, mas amoroso.

Notas

[1] BOOLE, George. *An Investigation of the Laws of Thought, on Which Are Founded the Mathematical Theories of Logic and Probabilities*. Londres: Walton & Maberlh, 1854. p. 88. Citado por GLEICK, James. *A informação: uma história, uma teoria, uma enxurrada*. Tradução de Augusto Pacheco Calil. São Paulo: Companhia das Letras, 2013. p. 173.

[2] WIENER, Norbert. *Cibernética e sociedade: o uso humano de seres humanos*. Tradução de José Paulo Paes. São Paulo: Cultrix, 1970.

[3] WURMAN, Richard. *Ansiedade de informação: como transformar informação em compreensão*. São Paulo: Cultura, 1991. p. 43. Original: WURMAN, Richard Saul. *Information Anxiety*. New York: Doubleday, 1989.

[4] SHANNON, Claude E.; WEAVER, Warren. *The Mathematical Theory of Communication*. Urbana: The University of Illinois Press, 1964. A referência a Turkey está na página 32. O artigo original, que saiu um ano antes do livro, foi publicado no *Bell System Technical Journal*.

[5] JANINE RIBEIRO, Renato. *A boa política: ensaios sobre a democracia na era da Internet*. São Paulo: Companhia das Letras, 2017, p. 10. Na obra, há outras referências ao mesmo princípio.

[6] KAYNES, John Maynard. *A Treatise on Probability*. New Delhi-India: Hawk Press, 1992.

[7] KEYNES, John Maynard. *A teoria geral do emprego, do juro e da moeda*. Tradução de Mário R. da Cruz. São Paulo: Nova Cultural, 1996. p. 167.

[8] GALBRAITH, John Kenneth. *A era da incerteza*. São Paulo: Pioneira, 1980.

[9] BUCCI, Eugênio. *A Superindústria do Imaginário*. Belo Horizonte: Autêntica, 2021.

[10] DAWKINS, Richard. *River Out of Eden: a Darwinian View of life*. New York: Basic Books, 1995. p. 144 ss.

[11] FERRIS, Timothy. The Most Interesting Machine in the World. *Alta*, 18 maio 2020. Disponível em: bit.ly/3odl6jr.

Este livro foi composto com tipografia adobe Adobe Garamond Pro
e impresso em papel Off-White 80 g/m² na Formato Artes Gráficas.